영유아 놀이지도의 이론과 실제

신재한 · 김영희

머리말
PREFACE

"놀이를 통해 배운다"는 말에서도 알 수 있듯이, 영유아들이 지식을 습득해 나가는 과정은 그 누구보다도 능동적이고 주도적이며 활동적이고 역동적이다. 이러한 영유아들의 특성을 고려하여 유아의 놀이 활동을 하는 것은 의미 있는 활동이다. 영유아는 놀이를 통해 다양한 경험을 하고 자연스럽게 학습을 할 수 있다. 또한, 놀이는 영유아의 신체적, 언어적, 정서적, 사회적, 인지적 발달을 도모하기 때문에, 전인 교육을 실천하기에 매우 중요한 수단이 될 수 있다.

이에 본 저서는 영유아 놀이의 이해인 제1부와 영유아 놀이지도의 실제인 제2부로 구분하였다. 제1부에서는 영유아 놀이의 개념, 역사, 이론, 놀잇감 유형, 놀이 유형, 놀이와 발달, 놀이와 연령, 놀이의 영향 요인, 놀이환경, 놀이 관찰 및 평가, 놀이치료와 치료놀이 등 놀이지도에 필요한 기본적인 이론을 다루었다. 제2부에서는 주제극 및 역할놀이, 신체 및 운동놀이, 쌓기놀이, 조작놀이, 점토 및 목공놀이, 물놀이, 모래놀이, 전통놀이, 게임, 기타 등 다양한 주제의 놀이를 다루었다.

아무쪼록 본 저서는 영유아 교육을 담당하는 보육교사, 사회복지사, 방과후 교사, 돌봄교실 교사, 어린이집 및 유치원 교사 등 현직 교사 및 담당자뿐만 아니라, 예비 교사들에게도 많은 도움을 줄 것으로 기대한다. 본 저서가 영유아 놀이를 지도하고 실천하는 데 기초가 되는 기본 지침서가 되기를 바라는 마음이다. 끝으로 본서 출판에 도움을 주신 박영사 가족 여러분께 감사를 드린다.

2020년 8월
저자 신재한, 김영희

목 차
CONTENT

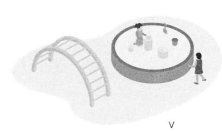

목 차
CONTENT

목 차
CONTENT

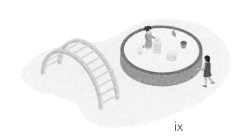

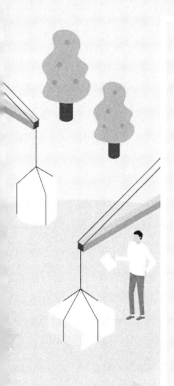

PART

01

영유아 놀이의
이해

1 놀이의 개념

01 놀이의 정의

놀이는 인간에게 보편적이고 필수적인 활동이다. 그 중에서도 아동은 놀이를 통해 다양한 경험을 하고 자연스럽게 학습을 할 수 있다. 또한, 놀이는 아동의 신체적, 언어적, 정서적, 사회적, 인지적 발달을 도모하기 때문에, 전인 교육을 실천하기에 매우 중요한 수단이 될 수 있다.

특히, 놀이에 대한 정의는 학자들마다 다양한데 <표 Ⅰ-1>과 같이 정리할 수 있다.

〈표 Ⅰ-1〉 놀이의 개념

학자	개념
Froebel	• 인간의 가장 순수하고 정신적인 활동 • 인간과 모든 사물에 내적으로 잠재된 인생
Isaacs	• 아동의 삶 자체 • 주변 세계를 이해하는 수단
Lazarus	• 자유롭고 목적이 없으며 즐겁고 재미있는 활동
Groos	• 진지한 의도가 결여된 본능적 연습
Dewey	• 아동의 신체, 언어, 인지, 사회, 정서 발달을 도모하는 수단
Bruner	• 문화적인 제약의 세계를 충동 작용으로 대처하는 매개 수단
Levy	• 인간의 삶을 긍정적으로 영위하는 데 필요한 요소 • 개성을 계발시켜 주는 역동적인 활동
Schiller & Spencer	• 잉여 에너지의 발산
Rogers & Sawyers	• 유아의 생활

02 놀이와 유사한 개념

가. 놀이와 탐색

일반적으로 아동은 먼저 탐색을 실행한 후 놀이를 실시한다. 즉, 새롭고 신기한 자극을 접하고 탐색을 실시한 후, 물체와의 관계를 형성하고 자극에 익숙해지면 놀이를 하게 된다(채종옥·이경화·김소양, 2008). 이러한 놀이와 유사한 개념 중에서 가장 많이 사용하는 용어인 탐색(exploration)은 <표 Ⅰ-2>와 같이 구분할 수 있다.

〈표 Ⅰ-2〉 놀이와 탐색

구분	놀이	탐색
주도 행동	유기체	자극
행동 발생	아동의 요구와 흥미에 지배 받고 행동 발생	탐색되는 대상의 자극적 특성에 지배 받고 행동 발생
행동	즐겁고 다양하며 새로운 행동	진지하고 심각하며 조심스러운 정형화된 행동
시기	탐색 후	놀이 전
상황	낯익은 대상을 경험하는 경우	처음 대상을 경험하는 경우
목적	대상에 대한 자극 생성 및 창출	자극을 주는 대상에 대한 정보 획득 및 정보 수집
심장 박동	많은 변화	적은 변화

나. 놀이와 일

항상 자유롭게 선택하고 즐겁게 하는 놀이와 달리, 일은 자신의 목적을 달성하거나 지위 강화를 위해 노력하는 특성을 가지고 있다. 놀이와 일(work)의 개념을 비교해 보면 <표 Ⅰ-3>과 같이 정리할 수 있다.

〈표 Ⅰ-3〉 놀이와 일

구분	놀이	일
자발성	자발성	강요적
적극성	능동적	수동적
흥미	흥미있음	단조로움
목표	특정 목표 없음	특정한 외적 목표 있음
시작	스스로 시작	타인에 의한 시작
현실성	현실 초월	현실 제한
지향	즐거움	유용성

　그러나, 놀이와 일의 많은 차이에도 불구하고 놀이와 일은 연속체이다. 놀이와 일을 한 연속선상의 양쪽 끝에 놓고 자유놀이, 안내된 놀이, 지시된 놀이, 놀이로 가장된 학습, 일로 구분하여 [그림 Ⅰ-1]과 같이 도식화할 수 있다(최석란·이경희·이상화·서원경, 2009). [그림 Ⅰ-1]에서도 알 수 있듯이, 자유놀이는 놀이 장소, 놀이 방법, 놀이 시기 등을 아동 스스로 자유롭게 선택할 수 있지만, 일은 자유롭게 선택할 수가 없다. 이러한 놀이와 일의 공통점은 참여자가 적극적으로 일과 놀이에 몰입해야 한다는 점이다.

[그림 Ⅰ-1] 놀이와 일의 연속체

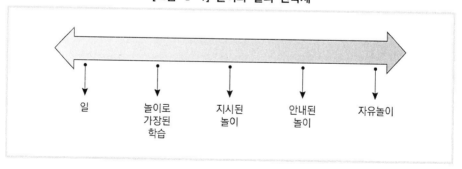

| 일 | 놀이로 가장된 학습 | 지시된 놀이 | 안내된 놀이 | 자유놀이 |

　한편, 좀 더 구체적으로 놀이에서 일까지의 연속선을 각각 설명하면 <표 Ⅰ-4>와 같이 비교할 수 있다(Wing, 1995; Bergen, 1987).

〈표 Ⅰ-4〉 놀이에서 일까지 연속선상의 비교

구분	특성	예시
자유놀이	• 상황, 사건, 다른 아동에 대한 통제력 최대 • 자유로운 상호작용	• 역할놀이
안내된 놀이	• 외부에서 부과된 통제에 의존 • 사회적 규칙이 유동적인 환경에서 놀이	• 특정 수 만큼 아동놀이 참여
지시된 놀이	• 성인은 놀이 요소를 부과한 후 놀이 주도 • 아동은 놀이 실시 유무, 놀이 시기, 놀이 방법 비선택	• 집단 게임, 손유희, 지시된 이야기 재현 놀이
놀이로 가장된 학습	• 내적 통제력, 동기 부여, 현실성에 적합하면 지시나 지도를 받은 놀이 형태 전환	• ABC노래, 단어 게임 등 단순한 암기 활동
일	• 외부 동기, 외부 목적 달성 • 현실을 변형할 기회 미부여	• 워크시트, 학습지 등 목표지향 활동

다. 놀이와 비놀이행동

놀이는 내적 동기, 현실감 부재, 내적 통제 신념을 특징으로 하는 반면에, 놀이가 아닌 행동 즉, 비놀이행동은 외적 동기, 현실감, 외적 통제 신념을 특징으로 한다([그림 Ⅰ-2] 참조).

[그림 Ⅰ-2] 놀이와 비놀이행동의 비교

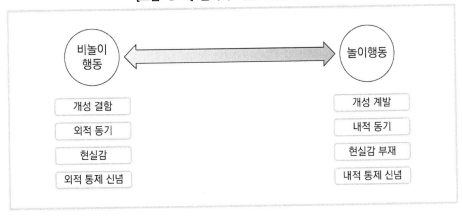

03 놀이의 특성

놀이의 특성은 학자들마다 다양하게 제시하고 있다(<표 Ⅰ-5> 참조).

〈표 Ⅰ-5〉놀이의 특성

학자	특성
Rubin, Fein & Vandenberg (1983)	• 내적인 동기유발 • 과정 중시 • 비문자적 • 자유 선택 • 즐거움
Levy(1978)	• 내적 동기 • 현실 유보 • 내적 통제 신념
Garvey(1977)	• 내적 동기화 • 즐거움 • 융통성 • 외부로부터 자유로운 규칙 • 비현실성 • 언어적, 정신적, 신체적 활동 요구
이숙재(2008)	• 긍정적 정서 • 비사실적 • 내적 동기 • 자유 선택 • 과정 중심 • 내부에서 부여된 규칙
정금자(2001)	• 내적 동기 유발 • 과정 중시 • 비형식적 • 상징적 • 외적 규제 없이 자율 수행 • 자유로운 마음 • 활동성 • 적극성

학자	특성
채종옥 · 이경화 · 김소양 (2008)	• 과정 지향적 • 내재적 동기 • 비실제적 • 융통성 • 긍정적 정서
김수영 · 김수임 · 김현아 · 정정희(2007)	• 긍정적 감정 • 비사실성 • 생래적 동기화 • 자유 선택
전국재 · 우영숙(2008)	• 자발적 행위 • 진지한 행위 • 절대적 규칙과 질서 • 장소의 격리성 • 시간의 한계성 • 지속 경향성
박찬옥 · 정남미 · 임경애 (2005)	• 내적 동기화 • 과정 중시 • 비사실적 행동 • 적극적 참여 • 긍정적 정서 • 외부 규칙으로부터의 자유 • 자유로운 선택 • 융통성
정진 · 성원경(2007)	• 자발적 행위 • 상대적으로 외적인 규칙의 자유로움 • 상상적 측면 • 행동 과정 자체가 목적인 행위 • 자유 선택 및 가변성 • 능동적 개입 요구 • 경쟁적 요소 내포
고문숙 · 임영심 · 황정숙 (2008)	• 과정 지향적 특성 • 내재적 동기 • 비실제성 • 규칙성 • 정신활동

놀이의 가치

놀이의 가치는 주변 세계 숙달, 정서적 적응, 창의력과 문제해결력, 사회성, 진단 등 <표 Ⅰ-6>과 같이 다양한 교육적 효과가 있다(전남련·최진원·권경미, 2007).

〈표 Ⅰ-6〉 놀이의 가치

구분	가치
주변 세계 숙달	• 학습활동을 통해 주변 세계 숙달 유도 • 아동의 인지, 정서, 사회, 언어, 신체 등 통합적 발달
정서적 적응	• 불안, 적대감, 공격성, 행복감, 만족감, 자신감 등 감정 경험 및 표현 • 긍정적 정서 전환 및 부정적 감정 치료
창의력 및 문제해결력	• 역할놀이, 블록놀이, 쌓기놀이, 물놀이, 모래놀이 등을 통한 창의력 증진 • 현실에서 시도할 수 없는 다양한 방법과 기술을 통한 문제해결력 향상
사회성 발달	• 자기중심적 사고에서 탈중심화 • 타인 수용
진단	• 아동의 발달단계 측정 준거 • 인지 발달 정도 진단

특히, 놀이의 가치는 학습 측면, 교육 측면, 평가 측면, 치료 측면으로 구분하여 <표 Ⅰ-7>과 같이 요약할 수 있다(전풍자, 1981; 이상금, 1987; 김광웅, 1975).

〈표 Ⅰ-7〉 놀이의 학습·교육·평가·치료 측면적 가치

구분	가치
학습 측면	• 학습자의 자발적 동기 • 학습자의 적극성 • 학습자의 구체적인 경험 • 자유로운 분위기 • 자율성, 융통성, 상징성 • 경험의 심화 및 확대

구분	가치
교육 측면	• 가장 즐기는 활동 • 자발적인 활동 • 체험적인 활동 • 다양한 경험 활동 • 반복적인 활동 • 탐구적인 활동 • 창의적인 활동
평가 측면	• 전반적 발달 수준 평가 • 정상적 발달 및 발달상의 문제점 진단 • 놀이 행동(놀이유형, 놀잇감, 놀이집단 구성, 상호작용, 놀이 지속시간 등) 자체 평가
치료 측면	• 놀이 행동에서 드러난 문제점 치료 • 욕구를 만족시켜주는 매체 역할 • 억압된 감정의 배출구 역할 • 욕구와 감정을 표출하는 자연스러운 창구 역할

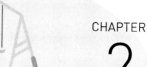

CHAPTER

2   놀이의 역사

01   고대

고대 그리스에서는 아동이 태어나면서부터 놀이를 할 수 있다고 생각하여 놀이가 허용되고 격려되었고, 로마인들은 놀이를 좋아하는 아동에 대한 그리스인의 사랑스럽다는 관점을 수용하지만 애정을 가진 훈련이 필요한 것으로 인식하였다.

특히, Platon은 아동기에 형성되는 놀이는 성장하면서 나중에 사용하게 될 지식을 완성하기 위한 활동으로 간주하고 학습을 위한 자유의 중요성을 강조하였다. 인간의 역할을 이해하는 데 도움되는 다양한 형태의 놀이로서 현상경기, 모사, 혼돈 등을 <표 Ⅱ-1>과 같이 요약하였다.

〈표 Ⅱ-1〉 고대 놀이 형태

학자	개념
현상경기 (agon)	• 갈등 • 신이 세상의 인간과 함께 놀이를 하고 인간에게 전쟁, 정치 등 여러 형태의 도전을 통한 신체적, 사회적 경쟁 • 신체적, 경쟁적 게임, 경쟁적 스포츠 등
모사 (mimesis)	• 존경 • 신을 흉내내는 다양한 표상적 형태 • 연극, 의식, 여러 형태의 연극적, 상징적 묘사 • 모방적, 해석적, 표현적
혼돈 (chaos)	• 신의 선택에 대한 바람 • 주사위 던지기, 도박, 동전 던져 정하기 등

02 17~18세기

17~18세기 놀이에 지대한 영향을 끼친 학자들은 Comenius, Locke, Rousseau, Kant, Pestalozzi, Schiller 등 <표 Ⅱ-2>와 같이 구분할 수 있다.

〈표 Ⅱ-2〉 17~18세기 놀이 관련 학자

학자	개념
Comenius	• 감각주의 • 함께 놀이하기 • 자유롭고 자발적인 행동 • 특별한 기술 불필요
Locke	• 백지의 상태 • 아동 경험의 중요한 부분 • 아동에게 필수적인 부분 • 태도, 적성, 신체적 건강 증진
Rousseau	• 놀이와 작업의 일치 • 교사 역할 최소화 • 외부 규칙과 압력으로부터 아동 보호 • 자유롭게 될 수 있고 매력적인 자료 제공
Kant	• 예술과 도덕의 바탕 • 놀이에 대한 현상경기, 모사, 혼돈 등 고대 사상 반영
Pestalozzi	• 표상적 상징 • 놀이에 관한 이론과 실제의 적용
Schiller	• 창의적, 예술적, 영적 활동이 나오게 되는 잉여에너지 발산 및 소모 • 인간에너지 소모 • 노동을 하고 남는 에너지를 써 버리는 행동

03 현대

19~20세기 놀이에 지대한 영향을 끼친 학자들은 Froebel, Montessori, Dewey 등 <표 Ⅱ-3>과 같이 구분할 수 있다.

〈표 Ⅱ-3〉 19~20세기 놀이 관련 학자

학자	개념
Froebel	• 자발적으로 자신의 능력을 개발하고 원만하게 사회적 관계를 맺을 수 있는 인간 양성 • 은물과 작업을 통한 아동의 신체 육성, 심정 발달, 정신 도야, 내적 감각의 각성 촉진
Montessori	• 민감기 • 일상생활 훈련, 감각교육, 언어교육, 수학교육, 문화교육 • 교구를 통한 자동교육
Dewey	• 일반적인 내적 지식 제공 • 사회와 자연에 대한 자유롭고 본질적으로 흥미로운 탐색 • 민주사회의 시민으로서 준비 • 아이디어를 만드는 전달 수단

CHAPTER

3 놀이의 이론

01 고전적 놀이이론

고전적 놀이이론은 에너지 조절 수단으로 간주하는 관점인 잉여에너지이론 및 휴식이론, 인간 본능과 연관된 관점인 반복이론 및 연습이론으로 이원화할 수 있다.

가. 잉여에너지이론

19세기 Spencer와 Schiller에 의하면 인간은 노동을 하고 난 후 에너지가 남으면 이를 쓰기 위해 놀이를 한다. 따라서, 잉여에너지이론은 인간의 생존과 관련지어 놀이를 연결시키려고 하였다. 즉, Spencer는 놀이를 '물이 끓으면서 발산되는 증기'로 비유하면서 '잉여에너지의 발산'이라고 주장하였고, Schiller는 '남는 에너지를 목적 없이 소비하는 것', '풍부한 에너지의 표현', '모든 예술의 근원'이라고 주장하였다. 이 외에도 Tolman은 인간이 성, 휴식, 음식 등 기본적인 욕구가 충족되면 활동 정지 상태에 이르고 이 상태가 지속되면 에너지가 과다해져 놀이 욕구가 발생하게 된다고 주장하였다.

특히, 아동이 어른보다 놀이를 더 많이 하는 원인을 잉여에너지이론의 관점에서 살펴보면 어른은 일상생활을 영위하고 아동을 돌보기 위해 사용해야 하는 에너지가 많기 때문에 잉여에너지가 아동보다 적고 놀이에 참여하는 시간도 적기 때문이다(최석락·이경희·이상화·서원경, 2009).

그러나, 잉여에너지이론은 아동의 경우 지치고 피곤한 상태에서도 놀이를 하는 경우 피로감을 잊고 놀이에 몰두할 수 있을 뿐만 아니라, 잉여에너지를 소모하는 외형적인 행동이 장난인지, 진지한 목표 달성을 위한 행동인지에 따라 놀이를 정의하는 것은 순환논법이라는 한계가 있다.

나. 휴식이론

Lazarus에 의하면 놀이는 일에서 소모한 에너지를 재충전하는 것으로서 일에 의해 소모한 에너지를 재저장하는 방법이다. 즉, 놀이는 소비한 에너지를 회복시키는 방법으로서 오락적 활동 또는 휴식의 필요에 의한 활동이기 때문에, 일과 반대되는 오락이론이라 할 수 있다. 따라서, 휴식이론은 아동의 일과 활동을 구조화된 놀이와 비구조화된 놀이를 균형적으로 조직하여 운영해야 한다는 것을 제안할 수 있다.

특히, Patrick은 인간이 정신적인 피로감을 풀고 휴식하고 싶을 때 놀이를 하기 때문에, 뛰기, 달리기, 던지기 등 다양한 운동이나 레크리에이션을 통해 피로를 쉽게 풀 수 있다. 즉, 인간은 일로 생긴 피로를 레크리에이션이나 스포츠, 게임 등과 같은 다른 정신적 활동을 즐김으로써 긴장감을 이완시키고 에너지를 회복할 수 있다(정진·성원경, 2007).

그러나, 휴식이론은 일을 하지 않는 아동들이 어른에 비해 더 많은 놀이를 하는 원인과 놀이를 하지 않고 일만 하는 어른에 대한 설명력이 부족하다는 한계를 가지고 있다.

다. 반복이론

Hall에 의하면 놀이는 인류의 진화 과정이 재현되어 나타나고 전 인류 역사가 반복적으로 나타나기 때문에, 놀이 과정은 인간의 진화 과정과 같은 순서를 따른다는 '문화의 반복'으로 설명하였다. 즉, 반복이론은 놀이가 아동 성장에 있어서 정화작용을 한다는 정신분석이론에 영향을 미쳤다.

특히, Glick는 놀이에서 진화론적 원리가 나타나기 때문에 원시인의 행동을 재현한 것으로 놀이를 바라보았다. 즉, 아동은 놀이 속에서 인간의 발달 단계를 반복하고 특정한 놀이 속에서 인간의 진화 과정이 재현될 수 있다.

그러나, 현대의 다양한 놀이는 문화의 반복으로만 설명할 수 없고 놀이의 다양하고 복잡한 특성은 진화과정과 동일하다고 하기에는 문제점이 있다(이귀숙·

이성한·하진희, 2009).

라. 연습이론

Gross는 놀이가 성인기의 생존에 필요한 기본적인 기술을 연습하기 위해 존재한다고 주장하였다. 즉, 놀이는 아동의 중요한 활동이고 미래 생활의 필수적인 본능이며 어른의 게임, 의식, 경쟁 등이 포함되어 있는 것이기 때문에, 어른이 되어 하는 활동이나 필요한 기술을 미리 연습하는 것이다. 따라서, 아동은 놀이를 통해서 미성숙한 행동을 연습하고 점차 정교하게 발달시켜 완전한 능력을 갖게 된다.

특히, Gross가 제안하는 연습 기능이 있는 두 가지 놀이는 감각적 및 운동적 연습을 포함하는 사물의 조작, 구성놀이 및 규칙이 있는 게임 등과 같은 놀이로 성인기에 필요한 자기 조절을 연습할 수 있는 실험놀이와, 성인이 되었을 때 수행해야 하는 다양한 역할을 놀이를 통해 미리 연습하는 극적 놀이로 분류할 수 있다(Frost et al, 2005).

그러나, 놀이는 단순한 기술뿐만 아니라, 신체적 측면, 인지적 측면, 정서적 측면, 사회적 측면 등 전인적 발달에 영향을 미치기 때문에, 특정한 인간의 생존에 필요한 기술만을 연습한다고 보기에는 어려움이 많고 어른에게 필요한 기술을 연습하여 준비를 끝낸 후에도 놀이가 계속된다는 점은 놀이를 연습이론으로 설명하기에는 한계가 있다.

지금까지 살펴본 고전적 놀이 이론을 서로 비교하여 보면 <표 Ⅲ-1>과 같다.

〈표 Ⅲ-1〉 고전적 놀이이론의 비교

구분	학자	놀이 목적	비고
잉여에너지이론	Schiller Spencer	잉여에너지 발산 및 소모	에너지 조절 수단
휴식이론	Patrick Lazarus	일할 때 소모된 에너지 재생	
연습이론	Gross	성인생활에 필요한 기술 연습	인간의 본능
반복이론	Hall Glick	본능 발산	

고전적 놀이이론은 철학적인 측면에 기초를 두고 있어 여러 가지 한계점을 가지고 있지만, 오늘날 현대적 놀이이론의 기초 및 토대를 마련하였을 뿐만 아니라, 놀이의 개념에 대한 역사적 동향을 보여 주고 현대인들의 놀이에 대한 개념 이해를 돕는다는 점에서 의의가 있다.

02 현대적 놀이이론

현대적 놀이이론은 억압된 감정을 표현하고 불쾌한 경험을 극복한다는 정신분석이론, 아동의 인지적 발달과 관련된 인지이론, 자극을 통해 적절한 각성수준을 유지하는 각성조절이론, 아동의 의사소통 방법으로 보는 의사소통이론 등 일반적으로 아동의 인지적, 사회적, 정서적 발달 등에 초점을 맞추고 있다.

가. 정신분석이론

Freud에 의하면 놀이가 아동의 성격과 정서 발달에 매우 중요한 역할을 하기 때문에, 아동 자신이 겪은 힘든 경험을 놀이를 통해서 표현한다고 밝히고 있다. 즉, 놀이는 육체적인 본능(id)과 초자아(superego)를 조정하는 자아(ego)의 기능을 하고 자아(ego)의 기능을 수행함으로써 안정과 평형의 상태로 복귀하려고 노력한다. 따라서, 아동은 놀이를 통해 자신의 감정을 공개적으로 표현하고 어려운 문제를 능동적으로 해결하여 정서적 안정과 원만한 성격을 형성할 수 있게 된다.

특히, Erikson은 놀이를 통해 아동의 자기존중감을 증진시키는 신체적, 사회적 기술이 발달된다고 주장하였다. 즉, Erikson은 놀이의 발달 단계를 자기 세계적 놀이 단계, 미시 세계적 놀이 단계, 거시 세계적 놀이 단계 등 세 단계로 <표 Ⅲ-2>와 같이 구분하고 있다(정진·성원경, 2007).

<표 III-2> Erikson의 놀이 발달 단계

단계	특징
자기 세계적 놀이 단계	• 자기 신체를 가지고 놀이하는 시기 • 자신의 감각기관을 이용하거나 운동능력을 반복적으로 시도하는 놀이 • 자신의 세계를 탐색한 후 주변의 세계로 이동하는 시기
미시 세계적 놀이 단계	• 자기 자신의 세계에서 놀잇감이나 사물이 놀이 대상이 되는 시기 • 놀잇감이나 주변 사물을 통해 소우주 속에 살게 되고 사물의 일정한 법칙 이해 가능 • 조작 가능한 놀잇감을 가지고 혼자 놀이를 하면서 놀잇감에 익숙해지고 놀이를 통한 즐거움 획득
거시 세계적 놀이 단계	• 다른 사람과 함께 놀이를 하는 시기 • 자아를 조절하면서 현실 세계에 적응하는 방법 획득 • 어른들의 세계를 이해하는 데 목적을 둔 극놀이 형태

나. 인지발달이론

Piaget에 의하면 놀이는 아동의 인지적 성장을 촉진시키고 자신을 둘러싸고 있는 주변 세계와 상호작용을 하면서 발달해 나간다. 이러한 놀이는 동화와 조절 간의 평형 상태를 이루어 아동의 인지 발달과 학습을 촉진시킬 수 있게 된다. 따라서, 아동의 인지 발달 단계에 따라 놀이 형태가 <표 III-3>과 같이 변할 수 있다.

<표 III-3> Piaget의 놀이 발달 단계

인지 발달 단계	놀이형태	특징
감각운동기 (0-2세)	연습놀이	• 아동은 전에 경험해 본 행동을 반복하면서 즐거움을 느낌 • 반복적인 단순한 놀이 행동 • 모빌을 건드렸더니 흔들리며 소리가 나니까 계속적으로 모빌을 흔드는 행동
전조작기 (2-7세)	상징놀이	• 자기중심적 사고를 보이면서 주변 사물을 이용하거나 사물 없이도 전에 있었던 중요한 일을 재연하거나 흉내 내는 놀이 • 아동들이 사물, 행동, 역할 등을 실제와 다르게 가작화하여 -인 체, -인척하며 놀이 • 빈 컵에 물이 있는 것처럼 마시는 행동, 인형을 재우거나 씻겨 주는 행동

인지 발달 단계	놀이형태	특징
구체적 조작기 (7-11세)	규칙 있는 게임	• 사회적 기술 적용 • 정해진 규칙 내에서 자신의 감정과 행동을 조절하는 방법과 다른 사람의 의견을 수용하고 집단에서 필요한 사회적 기술을 익히는 게임 • 자신의 행동 및 반응을 조절하는 방법 습득 및 일상생활의 규율과 질서 유지를 습득하는 계기 • 운동장에서 하는 게임, 게임 도구나 게임판을 이용하는 게임, 카드 게임, 술래잡기 등

특히, Vygotsky에 의하면 놀이는 아동 자신의 정신세계를 표현하기 때문에, 인지 발달에 직접적인 역할을 수행한다. 즉, 놀이는 행동과 대상물로부터 사고의 분리를 촉진시켜 추상적인 사고를 발달시키는 역할을 수행하고, 아동에게 근접발달영역(Zone of Proximal Development)에 있는 경험을 제공하며 아동 스스로 비계(scaffolding)를 설정하고 잠재적으로 가지고 있는 새로운 능력을 개발하게 된다(이숙재, 2008). 그 중에서도 상상놀이는 추상적인 사고 발달에 결정적인 역할을 하고, 주의 집중, 기억, 언어 사용, 사회적 협동 등을 보다 많이 나타낼 수 있게 한다.

한편, Bruner와 Sutton–Smith는 놀이가 아동의 창의성과 사고의 융통성을 발달시키는 역할을 수행한다고 주장하였다. 먼저 Bruner는 놀이에서 결과보다 과정을, 목적보다 수단을 중요시 여겼기 때문에, 놀이를 통해 새로운 연합적 행동을 탐색한 후 일상생활 문제해결도 그러한 행동을 활용할 수 있는 사고의 융통성이 발달된다고 주장하였다. Sutton–Smith에 의하면 역할놀이에서 발생하는 상징적 전환은 아동의 정신적 융통성에 영향을 미치고, 기존의 사고방식에서 벗어나 새롭고 독특한 사고방식을 유도하여 창의성을 증진시키는 것으로 밝히고 있다.

다. 각성조절이론

Berlyne에 의하면 인간은 각성을 최적의 수준으로 유지하기 위해 놀이를 하기 때문에, 놀이를 최적의 각성 상태로 유지하는 중추신경조직의 활동으로 보았다. 또한, Ellis는 놀이를 최적의 각성 수준으로 유도하는 '자극 추구 활동'으로 간주하고, 새롭고 독특한 방법으로 사물을 사용하고 행동하면 자극이 증가되기 때문에, 놀이를 '자극 생산 활동', '다양한 탐색 활동'으로 보았다. 이 외에도 Fein에 의하면 놀이를 통해서 유기체가 필요로 하는 다양한 자극을 제공하기 때문에, 처음에는 새로운 상황의 불확실성을 감지하지만 놀이는 점차 감소될 불확실하고 호기심을 유발시키는 '새로운 상황을 창조하는 활동'이라 할 수 있다.

라. 의사소통이론

Bateson의 의사소통이론은 놀이의 여러 가지 상황, 행동, 사물 등을 놀이 친구에게 이해시키고 설명해 주기 위한 의사소통으로서, 놀이를 통해서 아동 자신이 맡은 역할에 알맞은 능력을 촉진시킬 수 있다. 또한, Garvey에 의하면 놀이 중에 문제가 발생하면 아동은 놀이의 틀(frame)을 깨고 문제를 해결하기 위해 현실 세계로 돌아와서 문제를 해결한다. 즉, 아동은 놀이를 통해서 상위 의사소통을 경험함으로써 자신이 담당한 역할의 개념에 대해 배우고 그에 적합한 능력을 발달시켜 나갈 수 있다. 따라서, 아동은 놀이를 통해 역할과 상황에 적합하도록 구성하는 능력이 향상될 수 있다.

특히, 의사소통이론은 가장놀이, 역할놀이, 극놀이 등에 집중하여 자신의 역할을 수행하면서 동시에, 실제 정체성을 인식할 수 있게 된다.

마. 각본이론

각본이론(script)에 의하면 놀이는 아동의 개인적 경험에 대한 지식이 나타나기 때문에, 경험에 대한 아동의 해석이 놀이 내용으로 표현될 수 있다. 즉, 각본이론에서 놀이는 아동이 재구성한 자신의 지식과정, 경험으로 보고 있기 때문에, 자신이 본 것, 들은 것, 직접 체험한 것들을 다시 놀이 장면에서 재구성함으로써 다양한 각본을 구성할 수 있다. 따라서, 놀이의 내용은 아동의 경험에 대한 지식의 이해 정도를 나타내고 각본은 기억으로부터 활성화된 지식 구조로 볼 수 있다(Nelson & Seidman, 1984).

특히, 아동의 극놀이를 각본으로 간주할 수 있는데, 놀이 중에서 표현되는 이야기 조직의 수준을 <표 Ⅲ-4>와 같이 세 가지 수준으로 구분할 수 있다 (Wolf & Grollman, 1982).

〈표 Ⅲ-4〉각본 이야기 조직의 수준

구분	특징	예시
스키마 수준	한 가지 소규모 사건에 관련되는 단순한 행동	인형을 침대에 눕히기
사건 각본 수준	하나의 목적 달성을 위해 두 가지 이상 스키마 행동	인형을 목욕시키고 침대에 눕히기
에피소드 수준	하나의 목적 달성을 위해 두 가지 이상 사건 각본 행동	케이크를 만들어서 친구에게 대접하기

지금까지 살펴본 현대적 놀이이론을 서로 비교하여 보면 〈표 Ⅲ-5〉와 같다.

〈표 Ⅲ-5〉현대적 놀이이론의 비교

구분	학자	놀이 목적
정신분석이론	Freud Erikson	• 정화 효과 • 자아 기능 강화
인지발달이론	Piaget Vygotksy Bruner Sutton-Smith	• 지적 성장 촉진 • 추상적 사고력 발달 • 융통성 및 창의성 촉진
각성조절이론	Berlyne Ellis	• 최적의 각성 수준 유지
의사소통이론	Bateson Garvey	• 의미의 다각적 수준 이해 능력 촉진 • 정체성 인식
각본이론	Wolf Grollman	• 개인적 경험에 대한 지식 발현 • 개인 경험을 의미 있게 하려는 시도

03 포스트모던 놀이이론

발달적 관점에서 놀이를 바라본 현대 놀이이론과는 달리 포스트모던 놀이이론은 권력을 가진 사람과 가지지 못한 사람의 입장에서 바라보는 사회문화이론, 비평적 교육이론, 혼돈이론으로 분류된다.

가. 사회문화이론

Bronfenbrenner에 의하면 사회문화이론은 놀이를 다른 학문들과 관련된 사고와 연구를 요구하는 해석으로 바라보는 관점으로서, 놀이 행동은 경제적, 사회적, 정치적 요인이 문화 속에서 작용함으로써 만들어지고 사회적 맥락 안에서 행동으로 연구되어야 한다고 보고 있다.

나. 비평적 교육이론

비평적 교육이론에 의하면 권력에 기초한 사회 불평등은 학교에서 불평등으로 이어지기 때문에, 놀이 행동을 바라볼 때 권력의 위치에 초점을 두어야 한다. 교실 활동에서는 아동 권력이 권력을 선택할 수 있고 통제할 수 없는 활동과 교사 권력이 통제하는 활동을 놀이로 간주한다. King에 의하면 교사가 보이지 않는 장소에서 발생하는 금지된 놀이는 아동들에게 자율감을 제공하여 교사 주도적 상황을 통제하게 해 준다.

다. 혼돈이론

혼돈이론은 세상을 복잡하고 상호의존적이며 비직선적, 비예언적, 혼돈스러운 관점으로 보고 있다. 이러한 혼돈이론을 반영하는 놀이의 특성은 어떤 것을 다른 것으로 대체하는 상징성, 다양한 경험의 요인을 연결하는 의미 만들기, 끊임없는 변화를 수용하는 역동성, 주제, 상황, 사람을 연결하는 연결주의, 확산적 사고를 개발하고 반영하는 창조성 등이 대표적이다(Vadner Ven, 1998).

지금까지 살펴본 포스트모던 놀이 이론을 서로 비교하여 보면 <표 Ⅲ-6>과 같다.

〈표 Ⅲ-6〉 포스트모던 놀이이론의 비교

구분	학자	놀이 목적
사회문화이론	Bronfenbrenner	암시된 문화적 가치 인식
비평적 교육이론	King	교실 활동에서 권력-선택, 통제-제공
혼돈이론	Vadner Ven	급격하게 변화하는 사회에 도전할 수 있는 준비

CHAPTER

4 놀잇감의 유형

01 놀잇감의 선정 기준

놀잇감은 자신의 느낌, 생각, 정서 등을 표현하게 하는 하나의 수단으로서, 놀이에 대한 흥미를 유발하고 놀이를 지속하게 하는 역할을 하는 모든 것을 의미한다. 이러한 놀잇감의 의미는 일반적으로 '아동이 조작 또는 이용할 수 있는 물리적 자원'이라는 측면과 '놀이에 대한 흥미를 유발시키고 놀이를 지속시키는 매체(교구)'라는 측면으로 구분할 수 있다(정진·성원경, 2007).

특히, 놀잇감은 아동의 흥미를 자극할 수 있는 교육적이고 안전한 사물이나 물건을 의미하는데, 아동의 연령, 발달수준, 성별, 아동의 수에 적합한 놀잇감을 선택할 수 있어야 한다.

한편, 놀잇감을 선정하기 위한 기준을 제시하면, 안전성, 적합성, 교육성, 내구성 등 <표 Ⅳ-1>과 같이 정리할 수 있다(이숙재, 2001; 김정준·김정화·신유림, 2001).

〈표 Ⅳ-1〉 놀잇감 선정 기준

구분	놀이 목적
안전성	• 아동이 삼킬 수 있는 작은 크기의 부속물이 없는가? • 너무 무거워 떨어뜨릴 가능성은 없는가? • 놀잇감에 유해 성분이 없고 페인트가 잘 벗겨지지 않는가? • 놀잇감을 떨어뜨리면 쉽게 부서지는가? • 날카로운 모서리나 뾰족한 끝이 없는가? • 목제품의 표면이 매끄럽고 거친 느낌이 없는가? • 헝겊 놀잇감은 바느질 처리가 잘 되어 있는가? • 플라스틱이나 금속제품의 접합 부분이 매끄러운가?
적합성	• 유아의 연령 및 발달 수준에 적합한가? • 다양한 용도로 적합한가? • 스스로 조작하여 이동하기에 적합한가? • 사회적, 문화적 가치에 적합한가? • 아동의 흥미와 요구에 적합한가?
교육성	• 아동의 신체발달을 촉진시키는가? • 아동의 인지발달을 촉진시키는가? • 아동의 정서, 사회성 발달을 촉진시키는가? • 아동의 언어발달을 촉진시키는가?
내구성	• 놀잇감의 재질, 구조, 각 부품의 부착이 견고한가? • 보관과 관리가 쉽도록 제작되었는가?

이 외에도 놀잇감 선택 시 고려해야 할 사항은 <표 Ⅳ−2>와 같다(윤애희, 2008).

〈표 Ⅳ-2〉 놀잇감 선정 고려 사항

구분	고려 사항	예시
놀잇감의 구조화	• 놀잇감이 실제 모습과 유사한 구조화가 높은 놀잇감	장난감
	• 사실성이 덜한 자료로서 구조화가 낮은 놀잇감	진흙, 모래, 물
신체발달 수준의 적합성	• 소근육을 훈련시키고 움직임 기능을 향상하는 자료	쌓기 장난감, 나무판 구멍에 꽂기
	• 대근육을 사용하고 전신운동과 협응을 조장하는 자료	자전거, 텀블링, 바퀴 있는 장난감
다양한 촉감의 경험	• 아동에게 따뜻함과 즐거움을 줄 수 있는 재료 • 다양한 촉감을 경험할 수 있는 자료	나무, 천
내구성	• 아동의 무게를 견딜 수 있는 튼튼한 놀잇감 • 가능한 오래 사용할 수 있는 놀잇감	
작동 가능성	• 원활한 바퀴 움직임, 서랍의 열고 닫음 등의 기능	
간단한 구조	• 아동이 이해가능한 간단한 구조 • 내부를 볼 수 있고 구조를 쉽게 파악하는 놀잇감	
협동놀이 촉진	• 협동놀이를 자극하는 환경 제공 • 아동의 연령이 증가하면 협동놀이를 촉진하는 놀잇감 수 증가	
가격의 저렴성	• 활용성 높은 놀잇감 • 놀이 상황에서 여러 발달 단계 아동의 활용 가능성	
안전성	• 아동이 삼킬 정도의 작은 조각, 날카로운 끝, 모서리, 납이나 독이 있는 자료 등 제작 회피	
매력성	• 놀잇감의 색깔이나 모양 등 심미감 형성	

02 놀잇감 기능에 따른 유형

놀잇감 기능에 따라서 학습용 놀이감, 자연물과 폐품, 구성 놀잇감, 실물모형 놀잇감, 대근육 놀잇감, 전자 놀잇감, 게임 등 <표 Ⅳ-3>과 같이 정리할 수 있다.

〈표 Ⅳ-3〉 놀잇감 기능에 따른 유형

구분	특징
학습용	• 상품화하거나 교사가 제작한 놀잇감 • 특별한 기술이나 개념을 가르치기 위한 놀잇감 • 읽기, 쓰기, 셈하기, 수, 과학 등 관련 자료 • 다양한 영역의 교육과정 활동에서 쉽게 사용 • 퍼즐, 쌓기 놀잇감, 끼우기 놀잇감
자연물과 폐품	• 아동이 마음대로 융통성 있게 사용 가능 • 주변에서 손쉽게 찾을 수 있는 놀잇감 • 물, 모래, 점토, 나무, 폐품, 재활용품
구성 놀잇감	• 사용방법 정해져 있지 않음 • 개방적이고 다양한 크기와 재료로 만들어진 비구조적 놀잇감 • 적목, 종이벽돌 블록, 플라스틱 블록
실물모형 놀잇감	• 일상생활 물체를 축소, 모방하여 만든 놀잇감 • 아동이 쉽게 조작할 수 있고 어디에서든지 사용 가능 • 캐릭터 놀잇감, 교통기관 놀잇감, 봉제 놀잇감
대근육 놀잇감	• 대근육 활동과 발달을 돕는 놀잇감 • 협응력 • 실외놀이(자전거, 다양한 크기 공, 줄넘기, 그네)
전자놀잇감	• 아동이 사용하는 소프트웨어 선정 주의 • 전자매체의 긍정적인 영향력 강조 • 컴퓨터, CD-Rom, 녹음기, 비디오, 전자게임
게임	• 자율성, 협상, 협력 등 사회적 기술 발달 • 빙고, 카드 게임, 기억 게임, 수 세기 게임

03 연령에 따른 놀잇감 유형

연령에 따른 놀잇감 유형은 <표 Ⅳ-4>와 같이 정리할 수 있다.

〈표 Ⅳ-4〉 연령에 따른 놀잇감 유형

구분	특징	놀잇감
0세	• 손과 입으로 사물을 탐색하는 놀이 • 밀고 당기기, 공굴리기 등 다양한 운동놀이 • 위생성, 안전성, 견고성을 고려한 놀잇감 제공	모빌, 딸랑이 오뚝이, 헝겊공 헝겊인형, 거울
만 1세	• 눈과 손의 협응력 발달 • 걷기를 위한 놀잇감과 단순한 소근육 운동놀잇감 제공 • 대상영속성 개념을 활용한 까꿍놀이 놀잇감	손수레, 유모차, 보행기, 사물그림책, 리듬악기, 모양맞추기, 물·모래놀이용품
만 2세	• 걷기, 뛰기, 계단 오르내리기 • 감각운동놀이 • 자율성을 고려한 놀이 활동	찰흙, 점토, 책, 큰 조각 퍼즐, 구슬꿰기, 미끄럼틀, 인형, 리듬악기
만 3세	• 다양한 미술 재료와 같은 놀잇감 • 남성과 여성의 적절한 성역할 인식 놀이 • 우스운 소리나 말놀이 선호	그네, 미끄럼틀, 시소, 정글짐, 블록, 적목, 퍼즐, 구슬 꿰기, 개념발달 놀잇감, 인형, 미술 놀잇감, 리듬악기
만 4세	• 상상놀이, 역할놀이 확장 • 학습과 관련되는 놀이 • 자유롭게 탐색하고 창의적으로 표현하는 놀이 • 다양한 조형놀잇감, 운동놀잇감, 역할놀잇감	야구놀이, 자전거, 고리던지기, 퍼즐, 전신거울, 병원놀이, 가게놀이, 경찰놀이, 지적학습 관련 놀잇감, 컴퓨터
만 5세	• 다양한 운동기술을 시험하는 놀이 • 정교한 신체놀이 • 규칙을 만들고 지키려는 그룹 게임 • 관찰하고 실험하는 놀이 • 실제 사물과 비슷하지 않은 형태의 놀잇감 • 기술지향적인 놀잇감	줄넘기, 철봉, 목공놀잇감, 과학놀잇감, 지구의, 물·모래놀잇감, 우체국놀이, 은행놀이, 교통놀이, 플래시카드, 지적학습 관련 놀잇감, 컴퓨터

CHAPTER

5 놀이의 유형

 01 조작놀이

조작놀이는 일반적으로 개별활동과 소집단활동에서 많이 일어나는 것으로 퍼즐, 구슬꿰기 등 아동이 손과 손가락 등 소근육을 이용해서 놀잇감 맞추기, 분리하기, 재배열하기 등 정적이고 탐색적인 활동을 수행할 수 있다. 이러한 조작놀이의 교육적 효과 및 구체적인 예시를 소개하면 <표 Ⅴ-1>과 같다.

〈표 Ⅴ-1〉 조작놀이의 교육적 효과 및 예시

교육적 효과	예시	교사 역할
• 손목, 손가락 등 소근육운동 능력 향상 • 눈, 손 협응력 발달 • 형태, 크기, 무게, 질감 등 개념 습득 • 분류, 연속, 수 개념 발달 • 다양한 어휘 학습 • 글자의 형태, 의미 학습 • 탐구력 증진 • 관찰습관 획득 • 목표 달성을 위한 계획 수립, 시도, 조작하는 방법 학습 • 자신감 및 성취감 획득 • 다른 친구 감정 존중 및 이해하는 태도 습득	투명공 굴리기, 거울집놀이, 마라카스놀이, 컵블록 쌓기, 구슬 끼우기, 모양과 순서대로 분류하기, 패턴놀이, 과자봉지 퍼즐놀이, 그룹게임자료, 퍼즐끼워 맞추기, 도미노놀이	단순하고 쉬운 놀이에서 복잡하고 어려운 놀이로 전환

02 쌓기놀이

쌓기놀이는 블록을 쌓고 무너뜨리는 활동을 통해서 창조에 대한 개인적인 기쁨을 가질 수 있고, 국어, 수학, 과학 등 교과 발달 능력을 향상시킬 수 있다. 이러한 쌓기놀이의 교육적 효과 및 구체적인 예시를 소개하면 <표 Ⅴ-2>와 같다.

〈표 Ⅴ-2〉 쌓기놀이의 교육적 효과 및 예시

교육적 효과	예시	교사 역할
• 공격성, 공포, 질투 등 부정적 감정 해소 및 긴장감 완화 • 아동의 정서, 사회성 발달 • 긍정적 자아개념 형성 • 신체 발달 • 수학적 개념 학습 도움 • 관찰, 비교, 분류, 예측 등 과학적 탐구 과정 도움 • 인간관계 형성 • 인지 능력, 형태 변별력 발달 • 조형 능력 발달 • 입체 구성력 향상 • 눈과 손의 협응력 발달 • 손과 손가락 조작능력 발달 • 대근육 운동 촉진	기차 만들기, 블록찾기, 사진블록놀이, 탑쌓기, 블록운반하기, 길 만들기, 알아맞히기, 우주선 만들기, 주차장놀이, 건물 짓기, 동물원꾸미기, 우체국 만들기, 고속도로 만들기, 풀장 만들기, 슈퍼마켓 꾸미기, 철길 만들기	파괴적인 목적보다 건설적인 목적으로 쌓기놀이 유도

역할놀이는 주변의 다양한 세계에 대해 자신이 알고 있는 지식을 실제로 놀이를 통해서 표현해 보는 활동으로서, 상징놀이, 모방놀이, 사회극놀이, 주제극놀이로 발전해 나갈 수 있다. 이러한 역할놀이의 교육적 효과 및 구체적인 예시를 소개하면 <표 V-3>과 같다.

〈표 V-3〉 역할놀이의 교육적 효과 및 예시

교육적 효과	예시	교사 역할
• 사회화 기술 증진 • 지적 발달 촉진 • 정서 발달 촉진 • 긍정적 자아개념 획득 • 창의력 발달 • 언어적 표현력 증진 • 추상적 사고력 촉진	전화놀이, 아기인형 우유먹이기, 인형 머리 빗겨주기, 인형옷 입히기, 버스 타기, 세탁소놀이, 미용실놀이, 박물관놀이, 결혼식놀이, 가족놀이, 가게놀이, 병원놀이, 소방관놀이, 우체국놀이, 음식점놀이, 우주선놀이	역할놀이 주제, 역할 분담, 역할놀이 영역 등의 선정 및 계획 수립

한편, 역할놀이와 유사한 상징놀이, 극놀이, 사회극놀이, 주제극놀이의 개념을 서로 비교해 보면 <표 V-4>와 같이 정리할 수 있다(이귀숙·이성한·하진희, 2009).

〈표 V-4〉 역할놀이와 유사한 용어

구분	특징
상징놀이	• 상상놀이 • 가상놀이 • 환상놀이 • 눈에 보이지 않는 대상을 표상하거나 사물이나 상황을 실제와 다르게 변형시켜 표상하는 놀이 • 가작화요소가 포함된 놀이
극놀이	• 아동의 창의력 능력 발달 • 자발적이고 자연스러운 놀이 • 현실적인 주제나 사건이 포함되는 놀이

구분	특징
사회극놀이	• 상징놀이가 발전된 놀이 • 한 명 이상의 친구와 함께 참여하는 극놀이 • 일상 내용, 경험, 상상한 내용 등을 놀이 • 현실적 요소와 비현실적 요소 혼재
주제극놀이	• 동화 주인공이 되어 이야기 내용을 가작화하는 놀이 • 현실세계와 일치하지 않는 가작화요소를 포함하는 집단놀이

04 조형놀이

조형놀이는 물적 재료를 가지고 공간적으로 형성하거나 형체를 이루어 만드는 놀이이다. 이러한 조형놀이의 교육적 효과 및 구체적인 예시를 소개하면 <표 Ⅴ-5>와 같다.

〈표 Ⅴ-5〉 조형놀이의 교육적 효과 및 예시

교육적 효과	예시	교사 역할
• 다양한 자료의 특성 이해 • 자료 활용의 기회 제공 • 창의성 향상	피자 만들기, 절편 만들기, 얼굴 만들기, 지형 만들기, 케이크 만들기, 사람 만들기, 아이스크림 만들기, 바다속 만들기	다양한 자료를 활용하여 공감적 감각의 기초 형성

05 물놀이

물놀이는 물을 이용해서 물과 관련된 신체 활동, 지적 발달, 정서적 활동 등 다양한 활동이 가능하다. 이러한 물놀이의 교육적 효과 및 구체적인 예시를 소개하면 <표 Ⅴ-6>과 같다.

교육적 효과	예시	교사 역할
• 투명성, 유동성, 증발 및 수압 등 물의 특성 파악 • 양의 보존개념 및 측정능력 증진 • 호기심 및 탐구력 향상 • 문제해결력 촉진 • 인지 발달 촉진 • 다양한 어휘 학습 • 정서 발달 • 심리적 안정감 • 사회 적응력 향상 • 대근육 및 소근육 운동을 통한 신체 발달 • 청각 변별력 발달	인형 목욕시키기, 비누방울 따라잡기, 물속 조개 잡기, 공 띄우기놀이, 샤워기 탐색하기, 물호수놀이, 튜브타고 반환점 돌기, 바구니에 탱탱볼 넣기	앞치마를 입고 옷소매를 걷거나 수영복을 입고 자유롭게 물놀이에 참여할 수 있도록 유도

06 모래놀이

모래놀이는 다양한 활동을 할 수 있는 장점에도 불구하고 날씨 및 상황에 따른 적합한 모래놀이 환경을 조성해 주어야 한다는 점에서 많은 고려가 있어야 한다. 이러한 모래놀이의 교육적 효과 및 구체적인 예시를 소개하면 <표 V-7>과 같다.

〈표 V-7〉 모래놀이의 교육적 효과 및 예시

교육적 효과	예시	교사 역할
• 수학적 개념 습득 • 과학적 지식 습득 • 창의력 및 문제해결력 촉진 • 언어 발달 • 정서 발달 • 사회성 발달 • 신체 발달	모래케이크 만들기, 모래언덕 만들기, 탐색놀이, 모래길 만들기, 발자국놀이, 모양놀이, 깃발 넘어뜨리기, 채로 걸러내기, 모래그림 그리기, 물길 만들기	생활 주제나 아동의 요구에 따라 적당한 종류와 수량의 모래놀이용품 제공

07 목공놀이

목공놀이는 아동이 나무토막, 못, 망치, 톱 등 실제 목공기구를 이용해 나무를 자르고 못질하며 사포로 매끈하게 하는 활동을 통해 자신이 원하는 물건을 만들어 보는 놀이이다. 이러한 목공놀이의 교육적 효과 및 구체적인 예시를 소개하면 <표 Ⅴ-8>과 같다.

⟨표 Ⅴ-8⟩ 목공놀이의 교육적 효과 및 예시

교육적 효과	예시	교사 역할
• 나무 무게, 질감, 부피, 길이, 넓이 등 인지 발달 • 수 세기, 크기 비교, 길이 측정 등을 통한 수 개념 발달 • 대근육 및 소근육 발달, 눈과 손 협응력 촉진 • 정서 안정, 긍정적 자아개념 등 정서 발달 • 다른 아동 개성 이해 및 존중 • 집단의 질서 및 사회성 발달	압축스폰지 목공놀이, 나무조각 탐색하기, 나무조각 구성하기, 나무조각 두드리기, 볼트와 너트 끼우기, 나무조각을 활용한 구성놀이, 선따라 못질하기, 송곳으로 구멍뚫기, 스티로폼 톱질하기, 나무의 표시된 곳에 못박기	목공 도구의 올바른 사용법을 지도하고 아동의 안전 교육에 유의

08 운동놀이

운동놀이는 아동의 몸을 단련하거나 건강을 위해 몸을 움직이는 놀이이다. 이러한 운동놀이의 교육적 효과 및 구체적인 예시를 소개하면 <표 Ⅴ-9>와 같다.

〈표 Ⅴ-9〉 운동놀이의 교육적 효과 및 예시

교육적 효과	예시	교사 역할
• 신체 각 부분의 조화로운 발달 • 순환, 배설, 호흡 등 기관 기능 향상 • 바른 자세 형성 • 균형, 협응력, 민첩성, 유연성 등 운동 능력 증진 • 걷기, 뛰기, 점프하기, 구부리기, 밀고 당기기, 비틀기 등 운동 능력 계발 • 아동의 안전 능력 향상 • 사회성 발달 촉진 • 지적 발달 촉진 • 아동의 건전한 자아개념 형성	리본막대 흔들기, 북소리에 맞춰 걷기, 깡총놀이, 타이어 징검다리 건너기, 공 운반하기, 손뼉치기, 축구놀이, 후프 굴리기, 리듬막대놀이, 낙하산놀이, 고무줄로 춤추기, 풍선치기, 자동차처럼 움직이기	아동의 연령, 발달 수준에 적합한 운동놀이용품을 제공하여 단계적인 지도

09 전통놀이

전통놀이는 옛날부터 민간에 의해 전해져 오는 다양한 놀이로서, 전통성, 역사성, 고유성, 지속성 등을 지닌 놀이이다. 이러한 전통놀이의 교육적 효과 및 구체적인 예시를 소개하면 <표 V-10>과 같다.

⟨표 V-10⟩ 전통놀이의 교육적 효과 및 예시

교육적 효과	예시	교사 역할
• 조화롭고 원만한 인격 형성 • 사회성 발달 • 밝고 명랑한 성격 형성 • 스트레스 해소 • 신체적 건강 및 운동 능력 향상 • 자아존중감 발달 • 인지 및 언어 발달 • 전통문화에 관심 증가 • 우리 전통 가락 습득 • 공동체의식 함양	도리도리, 잼잼, 짝짜쿵, 곤지곤지, 걸음마, 뚱딴지 사이소, 공기돌잡기, 대문놀이, 북청 사자놀이, 절하기, 이거리 저거리 각거리, 어디까지 왔나	아동의 연령이나 발달 수준, 흥미에 적합한 전통놀이를 유도하고 가정과 연계된 지도

10 게임

게임은 아동을 몇 개의 팀으로 구분하여 목표를 달성하려는 과정 속에서 즐거움을 느끼고 일정한 규칙에 따라 참여자들이 서로 상반되거나 상호의존, 협력적인 역할을 수행하고, 일정한 기준에 따라 승패를 결정하는 놀이이다. 이러한 게임의 교육적 효과 및 구체적인 예시를 소개하면 <표 V-11>과 같다.

〈표 V-11〉 게임의 교육적 효과 및 예시

교육적 효과	예시	교사 역할
• 아동의 사회적, 도덕적, 정치적, 인지적, 정서적 발달 • 타인 존중, 사회적 합의 기술 함양 • 타인에 대한 배려, 감정이입, 조망수용능력, 친교성, 협동심 고취 • 목표달성을 위한 행동 조절 • 사회적 대처 기술 습득 • 지적 자율성 획득 • 탈중심화 사고 가능 • 다양한 문제해결 기회 제공	목적물 맞추기 게임, 경주 게임, 알아맞히기 게임, 쫓기 게임, 숨기기 게임, 지시 게임, 카드 게임, 판 게임	규칙을 활용하여 게임활동에 참여하는 것이 일반적이기 때문에 교사의 적극적인 지원 및 비계 설정이 필요

CHAPTER

6 놀이와 발달

01 신체 발달

놀이와 신체 발달 측면의 관계를 살펴보면 <표 Ⅵ-1>과 같이 요약할 수 있다.

〈표 Ⅵ-1〉 놀이와 신체 발달의 관계

구분	놀이와 신체 발달의 관계
영아(0-2세)	• 감각을 이용한 간단한 신체놀이 • 다양한 탐색활동을 통한 신체놀이 • 밀고 끄는 놀잇감, 두드리는 놀잇감, 같은 모양의 사물을 맞추어 구멍에 넣기, 대근육 및 소근육을 발달시키는 놀이
유아(3-5세)	• 달리기, 매달리기, 미끄러지기, 손으로 조작하기 등 다양한 놀이를 통한 신체 성장 • 심장, 혈압, 배설, 수면 등 생리 기능 발달 • 바른 자세 형성 • 기본 운동 능력 증진 • 쓰기와 그리기 놀잇감, 동화책 만들기, 그림 그리기, 작품에 이름 쓰기, 굴속 기어가기, 시소타기, 평균대 걷기

특히, 놀이를 통해서 기대할 수 있는 신체 발달의 효과를 정리하면 <표 Ⅵ-2>와 같다.

〈표 Ⅵ-2〉 놀이의 신체 발달 효과

구분	신체 발달 효과
Hurlock (1978)	• 기어오르기, 뛰기, 던지기, 매달리기, 기어가기 등 대근육 운동 능력 발달 • 한 발 뛰기, 다른 발 뛰기 등을 통한 단순한 즐거움으로 같은 행동 반복
Isenberg & Quisenberry (1988)	• 뜀뛰기 능력을 게임에 활용 • 자기 신체에 대한 자신감 획득
Majure (1995)	• 아동 류머티즘 관절염, 동맥경화 등 질병 예방 • 신체 유연성 및 근육 강화
이귀숙·이성한·하진희(2009)	• 신체적 자극을 통한 신체 성장 촉진 • 다양한 놀이 동작을 통한 신체 운동 능력 및 체력 증진 • 신체의 긴장 해소 • 바른 자세 형성 • 위험 상황에 대처할 수 있는 문제해결력 및 순발력 증진
이숙재 (2008)	• 신장, 체중 등 신체 성장 촉진 • 혈액 순환, 배설, 수면 등 생리 기능 증진 • 뛰기, 던지기, 매달리기 등 기본 운동 능력 향상 • 강인한 체력 배양 • 다양한 탐색활동을 통한 감각 및 지각 능력 발달 • 일상 생활에서 부딪히는 사고 예방 • 위험 상황에 대처하는 능력 향상

02 사회성 발달

놀이와 사회성 발달 측면의 관계를 살펴보면 <표 Ⅵ-3>과 같이 요약할 수 있다.

〈표 Ⅵ-3〉 놀이와 사회성 발달의 관계

구분	놀이와 사회성 발달의 관계
영아(0-2세)	• 성인-영아놀이를 통해 현실과 가상 세계의 경계 이해 및 긴장감 유발시키는 상황 숙달 • 성인에 대한 애착이 생성되어 원만한 대인관계 형성 및 사회성 발달 • 전화놀이, 까꿍놀이
유아(3-5세)	• 사회극놀이, 역할놀이, 주제극놀이 등을 통한 사회성 발달 촉진 • 신체놀이를 통한 또래 간 우정 강화 • 사회적 기술 및 지식 습득 • 조망수용능력 향상

특히, 놀이를 통해서 기대할 수 있는 사회성 발달의 효과를 정리하면 <표 Ⅵ-4>와 같다.

〈표 Ⅳ-4〉 놀이의 사회성 발달 효과

구분	사회성 발달 효과
Erikson (1950)	• 가상놀이를 통해 사회적 세계 이해 및 사회적 기술 숙달
Bruner & Sherwood (1976)	• 양육자와 사회적 게임을 통한 사회적 규칙 연습 및 획득 • 순서 지키기, 역할 반복, 양자 포함 등 학습 • 양육자와 아동 간 애착 형성 가능
이귀숙·이성한·하진희 (2009)	• 상호의존적 놀이를 통한 사회적 기술 및 지식 획득의 장 마련 • 부모와의 놀이를 통한 사회성 발달 • 순서 지키기, 공유하기, 협동하기 등 친사회적 행동 발달 • 조망수용능력 발달

구분	사회성 발달 효과
이숙재 (2008)	• 부모와의 놀이를 통한 부모에 대한 친밀감 및 애착 관계 형성 • 또래와의 놀이를 통한 질서 지키기, 협동하기, 놀잇감 공유하기 등 사회적 능력 함양 • 주변 사회에 대한 관심, 이해, 지식 증진
전남련·최진원·권경미 (2007)	• 사회기술 발달 증진 • 타인의 조망수용능력 발달 • 부모와의 친밀감 및 애착 형성 • 사회적 놀이를 통한 친사회적 행동 증진

03 인지 발달

놀이와 인지 발달 측면의 관계를 살펴보면 <표 Ⅵ-5>와 같이 요약할 수 있다.

〈표 Ⅵ-5〉 놀이와 인지 발달의 관계

구분	놀이와 인지 발달의 관계
영아(0-2세)	• 감각운동기 동안 연습놀이 및 기능놀이의 발달 • 가상을 조성하는 놀잇감 및 자료를 제공하여 가상놀이 환경 제공
유아(3-5세)	• 놀이 중 탐색활동을 통해 사물에 대한 이해력 증진 및 문제해결력 발달 • 놀이 행동에 대한 융통성 반영을 통한 효과적인 문제 해결 • 구체적인 사고에서 추상적인 사고로 전환 용이

특히, 놀이를 통해서 기대할 수 있는 인지 발달의 효과를 정리하면 <표 Ⅵ-6>과 같다.

〈표 Ⅵ-6〉 놀이의 인지 발달 효과

구분	인지 발달 효과
Vytotsky (1978)	• 가장놀이를 통한 추리 인지 활동 발달
Piaget (1962)	• 수, 분류, 서열화, 공간, 시간, 보존 개념 등 획득 • 새로운 사물 및 상황 탐색을 통한 다양한 문제 해결 • 사물이나 상황에 상징적 의미를 부여하는 놀이를 통한 추상적 사고력 증진
채종옥 · 이경화 · 김소양 (2008)	• 사회극놀이를 통한 개념 및 상위인지 발달 • 아동의 인지 기술 및 지능 발달 • 탈중심화와 가역성 등 인지적 조작을 통한 보존 개념 발달 • 사물놀이와 가상놀이를 통한 창의적 사고 촉진
이귀숙 · 이성한 · 하진희 (2009)	• 사회극놀이를 통한 표상적 사고와 추상적 사고 증진 • 놀이의 실험적이고 융통적 속성은 확산적 사고 및 문제해결력 증진
이숙재 (2008)	• 놀이를 통한 다양한 정보 획득
전남련 · 최진원 · 권경미 (2007)	• 놀이를 통한 기억력, 논리력, 추리력 등 지능 발달

CHAPTER

7 놀이와 연령

01 1세 미만

1세 미만의 영아는 행동에 따른 변화를 알기 시작하면서 점차 단순한 행동을 반복하면서 즐거움을 느끼는 시기이다. 이러한 시기의 놀이 특징은 <표 Ⅶ-1>과 같이 정리할 수 있다.

〈표 Ⅶ-1〉1세 미만 영아의 놀이

구분	내용
놀이 특징	• 신체적 능력을 통한 놀이의 외형적인 형태 결정 • 놀이를 통한 애착형성, 타인 인식, 역할 바꾸기, 질서 지키기, 신호 보내기, 관찰하기 등 상호작용 기술 습득
감각운동놀이	• 신체 가지고 놀기, 손과 입으로 사물 탐색하기, 물건 흔들어 소리 내기
대근육 운동놀이	• 앉기, 서기, 걷기, 소리 및 음악에 맞춰 몸 흔들기
소근육 운동놀이 및 협응발달놀이	• 공굴리기, 곤지곤지놀이, 도리도리놀이, 짝짜꿍놀이
언어놀이	• 옹알이, 단어 모방하기
상징놀이	• 사물의 기능과 모양이 유사한 것을 사용해 다른 사물에 대치하는 놀이

02 1세

　1세의 영아는 혼자 걷게 되면서 이동 영역과 관심 대상이 점차 확대되는 시기이다. 이러한 시기의 놀이 특징은 <표 Ⅶ-2>와 같이 정리할 수 있다.

〈표 Ⅶ-2〉 1세 영아의 놀이

구분	내용
놀이 특징	• 신체 움직임이 활발해지고 운동기술 발달 • 호기심을 충족하기 위한 탐색과 이동의 범위 확장 • 눈과 손의 협응력 발달로 인한 인지적 놀이 증가
감각운동놀이	• 딸랑이 흔들기, 물건을 입으로 빨기 및 깨물기
대근육 운동놀이	• 기기, 걷기, 공굴리기, 자동차 끌기
소근육 운동놀이 및 협응발달놀이	• 블록쌓기(3-4개), 종이벽돌 쌓기, 손잡이 돌리기
상징놀이	• 컵에 물 따르는 흉내 내기, 종이상자를 자동차라 생각하고 타기

03 2세

　2세의 영아는 대근육 운동 능력이 매우 발달하기 때문에 대근육을 이용한 운동놀이의 비중이 커지는 시기이다. 이러한 시기의 놀이 특징은 <표 Ⅶ-3>과 같이 정리할 수 있다.

〈표 Ⅶ-3〉 2세 영아의 놀이

구분	내용
놀이 특징	• 표상능력 발달 시작 • 문제해결력과 인지능력 향상 • 색, 모양, 크기, 질감 등 사물의 속성 탐색 • 초보적인 수세기 가능
대근육 운동놀이	• 계단 오르고 내리기, 흔들목마 타기, 그네타기, 공던지고 받기, 밀거나 끌고 다니기
소근육 운동놀이 및 협응발달놀이	• 크레파스로 끄적거리기, 모래놀이, 찰흙놀이, 가위질하기
조작놀이	• 물건 포개 쌓기, 모양에 맞추어 구멍 속에 넣기, 블록을 한 줄로 늘어놓기, 블록 위로 쌓기
상징놀이	• 마루닦기, 인형 목욕시키기, 빨래하기, 아기 돌보기, 전화받기, 먹기, 자기

04 3세

3세의 유아는 기초적인 신체운동 능력이 발달하면서 움직임이 증가하고 초보적인 운동기술을 사용하는 놀이를 시작하는 시기이다. 이러한 시기의 놀이 특징은 <표 Ⅶ-4>와 같이 정리할 수 있다.

〈표 Ⅶ-4〉 3세 영아의 놀이

구분	내용
놀이 특징	• 행동의 결과에 관심 • 자신이 만든 작품을 다른 사람에게 보여 주면서 자랑하면서 만족감을 느낌 • 그림책, 이야기책, 사진 등에 관심
대근육 운동놀이	• 세발 자전거 타기, 제자리에서 뛰기, 기어오르기, 달리기
소근육 운동놀이 및 협응발달놀이	• 퍼즐 맞추기, 가위질하기, 그림그리기, 구슬꿰기
조작놀이	• 블록으로 사물 만들기
상징놀이	• 블록으로 특정 구조물 만들기, 유사한 물건으로 실제 사물 대체하기

05 4세

　4세의 유아는 손의 섬세한 근육이 발달하고 눈과 손의 협응력이 발달함에 따라 작은 조각을 조립하여 구성하거나 조각 그림을 맞추는 시기이다. 이러한 시기의 놀이 특징은 <표 Ⅶ-5>와 같이 정리할 수 있다.

〈표 Ⅶ-5〉 4세 영아의 놀이

구분	내용
놀이 특징	• 복잡한 놀이시설 이용 • 모험적, 탐색적 • 놀이 계획 세우기 • 창의적 놀이 가능 • 다양한 재료를 활용한 미술 활동, 자연현상 관찰, 과학적 놀이에 대한 흥미 증가
대근육 운동놀이	• 한 발로 균형 잡고 서기, 정글짐 오르기, 복잡한 놀이 시설에서 놀기
소근육 운동놀이 및 협응발달놀이	• 작은 조각의 퍼즐 맞추기, 그리기, 색칠하기, 종이 자르기, 구슬 꿰기
조작놀이	• 작은 조각을 구성하여 조각그림 맞추기, 블록으로 공간 표시하기 및 특정한 형태 만들기
상징놀이	• 병원놀이, 가게놀이, 유치원놀이

06 5세

　5세의 유아는 자신의 운동기술을 다양하게 시험하고 확장된 역할놀이를 좀 더 다양하게 표현하는 시기이다. 이러한 시기의 놀이 특징은 <표 Ⅶ-6>과 같이 정리할 수 있다.

〈표 Ⅶ-6〉 5세 영아의 놀이

구분	내용
놀이 특징	• 복잡한 실내 및 실외게임 가능 • 또래와의 협동 가능 • 놀이 지속 시간 증가 • 집단 소속감 및 애착 형성
대근육 운동놀이	• 한 발로 뜀뛰기, 그네에 엎드려 타기, 언덕에서 미끄럼 타기
소근육 운동놀이 및 협응발달놀이	• 모양 따라 가위질하기, 찰흙으로 빚기, 종이접기, 정교한 색칠하기, 오리기, 복잡한 쌓기 구조물 만들기
조작놀이	• 다양한 재료를 이용하여 복잡한 구조물 만들기
상징놀이	• 소품을 이용한 극놀이, 책이나 TV에서 본 인물과 사건 표현하기

07 6세

　6세의 유아는 놀이 과정을 즐기기 시작하다가 자신의 생각을 표상하는 인식 가능한 결과를 도출하는 과정으로 관심을 이동하는 시기이다. 이러한 시기의 놀이 특징은 <표 Ⅶ-7>과 같이 정리할 수 있다.

〈표 Ⅶ-7〉 6세 영아의 놀이

구분	내용
놀이 특징	• 놀이 과정, 목적, 결과 모두 관심 • 창의적인 활동 중시 • 놀이를 통한 협상능력 발달 • 놀이 규칙 이해 발달 • 구성적 놀이

08 7세

　7세의 유아는 연습 놀이를 통해 자신의 지식과 기술을 습득할 수 있는 기회를 가지고 다양한 활동을 구성하려고 노력하는 시기이다. 이러한 시기의 놀이 특징은 <표 Ⅶ-8>과 같이 정리할 수 있다.

〈표 Ⅶ-8〉 7세 영아의 놀이

구분	내용
놀이 특징	• 다양한 이미지를 구성하는 놀이 • 자신의 세계를 정교하게 이해하고 창작하는 놀이 • 타인과 협상하는 놀이 • 융통성 있게 규칙을 적용하는 놀이 • 학습 의욕과 소속 욕구를 보이는 놀이

CHAPTER

8 놀이의 영향 요인

01 개인적 요인

가. 성

일반적으로 아동의 성별에 따라 놀이 유형, 놀이 방법, 선호하는 놀잇감 등이 다르다. 즉, 놀이에 있어서 남자와 여자의 구체적인 성차이를 비교하면 <표 Ⅷ-1>과 같이 정리할 수 있다.

〈표 Ⅷ-1〉 놀이의 남여 차이

구분	남자	여자
장소	실외	실내
환상놀이	탈 것, 무기 등 놀잇감	인형, 소꿉 놀잇감
역할	모험적·허구적 역할(우주비행사)	가정적인 역할(엄마, 아이)
활동	• 독립적인 탐색활동 • 거칠고 경쟁적인 놀이활동 • 블록놀이, 움직이는 장남감 등 놀이활동	• 의존적인 조용한 놀이활동 • 역할놀이, 소꿉놀이, 미술활동과 관련된 놀이활동
자유놀이	• 대근육발달 • 기능놀이	• 소근육발달 • 앉아서 하는 놀이, 구성놀이

특히, 국내 남자와 여자의 성 차이에 따른 다양한 학자들의 연구결과를 살펴보면 <표 Ⅷ-2>와 같다.

〈표 Ⅷ-2〉 놀이의 성차에 관한 국내 연구

구분	남자	여자
조안나(2009)	극놀이에서 개인적·통제적 언어 사용	극놀이에서 상상적인 언어 사용
우수경(2008)	신체적 자발성과 유머감감 높음	정서 능력과 사회적 능력 높음
신수경 · 지성애(2008)	블록놀이에서 사회적 행동 높음	역할놀이에서 사회적 행동 높음
김보현(1999)	• 교통놀이 • 실물과 다른 사물 사용	• 소꿉놀이 • 실물과 유사한 사물 사용
조경자(1994)	전쟁놀이에서 리더, 공격자, 가해자, 구원자 등 적극적인 역할	전쟁놀이에서 피해자, 구조 받은 자 등 수동적인 역할
김온기(1983)	군인, 경차, 자동차, 교통, 선장, 해적놀이, 로봇, 우주놀이, 공사, 수선놀이	소꿉놀이, 극화놀이

나. 연령

아동은 연령이 증가함에 따라 점차적으로 다양하고 복잡한 놀이 활동을 한다. 즉, 연령이 증가함에 따라 사회적 놀이는 혼자놀이에서 병행놀이, 연합놀이, 협동놀이로, 인지적 놀이는 연습놀이에서 구성놀이, 역할놀이, 규칙 있는 게임으로 변한다. 또한, 감각기관이나 운동기술을 이용한 탐색놀이를 짧은 시간 동안 진행하다가 연령이 증가함에 따라 상상놀이가 나타나면서 놀이 지속 시간도 증가한다.

다. 인지 능력

아동의 인지적인 능력에 따라 놀이 특징, 참여 빈도, 친구와의 상호작용 등에서 많은 차이가 나타난다. 이러한 인지 능력의 차이에 따른 놀이 경향의 차이를 비교하면 <표 Ⅷ-3>과 같다.

〈표 Ⅷ-3〉 인지 능력의 차이에 따른 놀이의 차이

구분	인지 능력이 높은 아동	인지 능력이 낮은 아동
놀이형태	조용한 놀이, 상상놀이	단순하고 반복적인 놀이
놀이친구	자신보다 연령이 많은 아동 선호	
선호놀이	비경쟁적인 게임	경쟁적인 게임

특히, 국내에서 연구한 인지 능력의 차이에 따른 놀이의 차이를 정리하면 〈표 Ⅷ-4〉와 같다.

〈표 Ⅷ-4〉 국내 연구의 인지 능력에 따른 아동의 놀이 경향

구분	연구 결과
천혜경(1987)	장독립적 아동은 단독놀이 선호, 장의존적 아동은 집단놀이 선호
조부경·장선화 (1995)	장독립적인 아동은 장의존적 아동보다 극화놀이, 구성놀이, 기능놀이, 게임 등 선호
이채호·최인수 (2008)	• 인지놀이: 언어지능, 논리수학지능, 신체운동지능, 공간지능, 음악지능, 개인내지능, 대인지능과 상관 • 언어놀이: 언어지능, 논리수학지능, 신체운동지능, 개인내지능, 대인지능과 상관 • 사회놀이: 언어지능, 논리수학지능, 신체운동지능, 개인내지능, 대인지능과 상관 • 정서놀이: 언어지능, 논리수학지능, 공간지능, 개인내지능, 대인지능과 상관 • 운동놀이: 언어지능, 논리수학지능, 개인내지능, 대인지능과 상관

라. 성격

아동은 성격에 따라서 놀이 행동이 달라진다. 국내·외에서 연구한 성격에 따른 놀이 행동의 차이를 정리하면 〈표 Ⅷ-5〉와 같다.

〈표 Ⅷ-5〉 국내·외 연구의 성격에 따른 아동의 놀이 경향

구분	연구 결과
Truhon(1982)	• 장난기가 놀이 행동을 예측할 수 있는 요인
Thomas & Chess(1977)	• 활동 수준이 높은 아동은 인기가 있음 • 주의전환성이 높은 아동은 또래집단에서 리더 역할 수행
Lieberman(1977)	• 장난기와 아동의 놀이 행동은 높은 관련성
Singer(1973)	• 상상력이 높은 아동은 상호작용, 협동, 집중, 긍정적 정서 표현 등을 함 • 높고 가작화된 놀이 및 게임 선호
Pulaski(1973)	• 상상력이 높은 아동은 높은 수준의 상상놀이
조선미(2000)	• 순한 기질 아동은 추종적 놀이 행동이 많이 나타남 • 까다로운 기질 아동은 주도적 놀이 행동이 많이 나타남
김형미(1998)	• 순한 기질 아동은 집단 극놀이 선호 • 까다로운 기질 아동은 방관자적 행동 선호
이지현(1998)	• 순한 기질 아동은 미술, 조작, 쌓기, 역할놀이 선호 • 까다로운 기질 아동은 미술, 역할, 조작, 쌓기놀이 선호
유애열(1994)	• 장난기가 많은 아동은 상상놀이 수준이 높음
김용희(1991)	• 순한 기질 아동은 미술, 조작놀이 선호 • 까다로운 기질 아동은 쌓기놀이, 대근육 활동 선호

02 사회적 요인

가. 부모

부모는 아동의 놀이에 가장 많은 영향을 주는 사람으로서 적절한 부모의 개입과 상호작용은 아동의 놀이를 발전시킬 수 있다.

특히, 아버지는 신체운동적 놀이와 병행놀이에 더 적극적으로 참여하지만, 어머니는 간단한 게임, 장난감 조작하기 등에 대체로 참여한다. 국내·외에서 연구한 부모와 관련된 놀이 행동을 살펴보면 <표 Ⅷ-6>과 같다.

〈표 Ⅷ-6〉 국내·외 연구의 부모와 관련된 놀이 행동

구분	연구 결과
Manosevitz, Prentice & Wilson(1973)	상상놀이에 많이 참여하는 아동은 부모와의 상호작용 증가
Hetherington, Cox & Cox(1979)	체벌을 가하는 어머니의 자녀는 상상놀이가 부족함
Dunn & Wooding(1977)	어머니가 아동의 놀이에 관심을 보이면 상상놀이의 시간이 증가
문현주(1996)	어머니와 상호작용하면서 놀이를 할 경우 높은 수준의 가상놀이 행동을 보임
고영실·부정민 (2009)	아버지의 역할이 사회적 능력에 중요한 영향을 줌
김숙이(2008)	중류 아동은 하류 아동보다 놀이 지속성, 이해력, 추론력이 우수

나. 교사

아동의 놀이는 교사의 관찰과 개입을 통해 놀이를 확장시키고 놀이 지속 시간을 증가시키며 또래와의 상호작용을 증가시킬 수 있다. 이러한 놀이를 지도하는 교사의 역할을 정리하면 다음과 같다(Seefelt, 1987).

첫째, 교사는 아동과 함께 놀이를 즐기고 유머와 인내심을 가지고 예상하지 못한 상황을 받아들여야 한다.

둘째, 교사는 상황에 맞게 적절한 개입이 있어야 한다.

셋째, 교사는 새로운 자료와 상황들을 친숙한 것과 균형 있게 제공될 수 있도록 계획해야 한다.

넷째, 교사는 협동적인 놀이를 제공해야 한다.

다섯째, 교사는 다양한 문화적, 사회적, 인지적, 언어적, 창의적, 심미적, 정서적 활동 등의 가치 있는 경험을 제공해야 한다.

특히, 국내·외에서 연구한 교사와 관련된 놀이 행동을 살펴보면 <표 Ⅷ-7>과 같다.

〈표 Ⅷ-7〉 국내·외 연구의 교사와 관련된 놀이 행동

구분	연구 결과
Shapiro(1975)	• 아동은 블록이나 인형 영역에서 많은 활동, 미술 영역에서 적은 활동 • 교사와 아동의 상호작용은 미술 영역에서 많은 활동, 블록이나 인형 영역에서 적은 활동
최미숙(1992)	• 교사와 아동의 높은 상호작용은 규칙 있는 게임 참여도가 높음 • 교사와 아동의 높은 상호작용은 집단놀이 참여도가 높음

한편, 교사가 놀이를 지도하는 모형을 소개하면 적극적 관찰 단계, 비지시적 진술, 질문, 지시적 진술, 모델링, 물리적 개입 등 6단계로 <표 Ⅷ-8>과 같이 정리할 수 있다(Wolfgang & Sanders, 1982).

〈표 Ⅷ-8〉 놀이 지도 모형

구분	연구 결과
적극적 관찰 단계	아동의 자유로운 놀이 행동이나 문제를 해결하려는 시도 등을 가까이에서 관찰
비지시적 진술	아동이 직접 경험하는 활동에 대해 진술해 줌으로써 아동의 관심 유도
질문	아동의 기억과 사고를 촉진하는 질문을 통한 놀이 확장
지시적 진술	놀이의 내용이나 역할 등에 대한 구체적으로 지시하는 이야기 제공
모델링	놀잇감의 사용 방법 및 놀이 방법 등을 실제 시범 보이기
물리적 개입	새로운 놀잇감을 제시하여 물리적으로 흥미로운 환경에서 놀이 활동 촉진

03 환경적 요인

가. 놀잇감

아동의 발달 수준 및 연령 등에 적합한 놀잇감을 선택하는 것이 매우 중요하기 때문에, 놀잇감의 종류, 구조화 정도, 수량 등에 따라서 아동의 놀이에 매우 큰 영향을 미칠 수 있다. 국내·외에서 연구한 놀잇감과 관련된 놀이 행동을 살펴보면 <표 Ⅷ-9>와 같다.

〈표 Ⅷ-9〉 국내·외 연구의 놀잇감과 관련된 놀이 행동

구분	연구 결과
Sutton-Smith (1985)	• 블록 및 레고 등 놀잇감은 구성놀이 • 손인형 및 그림책 등 놀잇감은 가작화 놀이
Pepler & Ross (1981)	• 수렴적 놀잇감을 이용한 아동은 제한적이고 반복적 놀이 • 확산적 놀잇감을 이용한 아동은 탐색놀이, 구성놀이, 상상놀이
Smith & Connolly(1976)	• 놀잇감이 충분하지 않을 경우 놀이공간이 부족한 경우보다 또래와의 갈등, 공격적 행동 더 많이 발생
Johnson(1935)	• 놀잇감이 증가하면 공격적 행동 감소, 놀잇감 접촉 증가 • 놀잇감이 감소하면 공격적 행동 증가, 사회적 접촉 증가
이숙재(1987)	• 구조성 높은 놀잇감을 이용한 아동은 혼자놀이 • 구조성 낮은 놀잇감을 이용한 아동은 구성놀이, 상징놀이, 연합놀이

나. 놀이공간

놀이공간은 아동의 놀이에 많은 영향을 미치기 때문에, 아동이 활동하는 데 편리하게 구성되어야 하고 쉽게 놀잇감에 접근할 수 있어야 한다. 놀이공간에 따라 아동의 놀이 행동을 비교해 보면 <표 Ⅷ-10>과 같다.

〈표 Ⅷ-10〉 놀이공간의 크기에 따른 놀이 행동

큰 놀이공간	작은 놀이공간
놀이 산만	자유로운 활동 제약, 비참여적 태도
적목 등 쌓기놀이	조작놀이
• 공격적 행동과 혼자놀이 증가 • 뛰는 행동 증가 • 신체적 접촉 감소	• 공격적 행동과 집단놀이 증가 • 뛰는 행동 감소 • 신체적 접촉 증가

특히, 국내·외에서 연구한 놀이공간과 관련된 놀이 행동을 살펴보면 <표 Ⅷ-11>과 같다.

〈표 Ⅷ-11〉 국내·외 연구의 놀이공간과 관련된 놀이 행동

구분	연구 결과
Frost & Campebll(1985)	창의적으로 구성된 복합놀이 기구로 구성된 창의적 실외놀이공간은 금속제의 개별적 놀이기구로 구성된 실외놀이공간보다 수준 높은 사회극적인 놀이, 병행놀이, 협동놀이 증가
Peck & Goldman(1978)	높은 공간 밀도의 놀이공간은 공통된 주제를 가지고 놀이를 하고 상상놀이, 방관자적 행동 증가
Sheehan & Day(1975)	칸막이나 분리대로 나누어진 작은 놀이공간은 공격적 행동 감소, 협동적 상호작용 놀이 증가
이봉선(1998)	• 질적 수준이 낮은 놀이공간에서 기능놀이, 연합놀이 증가 • 질적 수준이 높은 놀이공간에서 구성놀이, 극놀이 증가

다. 놀이교육 프로그램

놀이교육 프로그램에 따라 놀이 행동은 차이가 나타나는데, 일반적으로 구조화된 놀이교육 프로그램을 적용한 아동은 상징놀이보다는 사회적 및 인지적 놀이를 한다.

특히, 국내·외에서 연구한 놀이교육 프로그램과 관련된 놀이 행동을 살펴보면 <표 Ⅷ-12>와 같다.

〈표 Ⅷ-12〉 국내·외 연구의 놀이교육 프로그램과 관련된 놀이 행동

구분	연구 결과
Tizard, Philps & Plewis(1976)	언어교육이 강화된 놀이교육 프로그램은 상징놀이 증가, 기능놀이 감소
Johnson, Ersher & Bell(1980)	사고과정 증진 발견학습 놀이교육 프로그램은 기능놀이 증가, 지식 전달 및 기술 향상 놀이교육 프로그램은 구성놀이 증가
이영자 외(2001)	탐색 및 놀이활동 중심 놀이교육 프로그램은 기능놀이, 구성놀이, 극화놀이 증가
신은수(1997)	상호작용 관련 놀이교육 프로그램은 사회적 수준, 구성적 수준이 높음
이은해·이기숙(1983)	단원중심 놀이교육 프로그램은 극화활동 증가, 학습준비 놀이교육 프로그램은 극화활동 감소

CHAPTER

9 놀이환경

01 실내 놀이환경

가. 구성 원리

일반적으로 실내 놀이실은 건물의 1층에 배치하고 면적은 아동 1인당 1~1.5평 정도로서, 남향 및 동향이 좋다. 좀 더 구체적으로 살펴보면 실내 놀이실을 구성할 때에는 놀이실의 현재 상태, 교육기관의 특성, 아동의 특성, 안전과 위생, 융통성과 변화 등 <표 Ⅸ-1>과 같은 사항을 고려해야 한다.

〈표 Ⅸ-1〉 실내 놀이환경 구성 조건

구분	구성 조건
놀이실 현재 상태	• 창문이나 출입문 위치, 붙박이장과 세면대 위치 확인 • 공간 구성 구체적 목표 설정 • 아동 특성 참고 • 가능한 예산 고려
교육기관 특성	• 교육기관 유형, 프로그램 철학적 배경 고려 • 교육기관 위치의 지역적 특성 및 문화적 배경 고려
아동 특성	• 아동의 발달 수준, 행동 특성, 기호, 흥미 등 고려 • 장애아의 특성 고려

구분	구성 조건
안전 및 위생	• 놀이실 바닥의 안전성 • 책상 및 교구장 형태의 안전성 • 출입문 형태, 크기의 안전성 • 난방시설의 안전성 • 놀이 시설 및 놀잇감의 안전성 • 밝고 청결하고 통풍 잘 되는 놀이실 • 조명과 햇빛 조절이 가능한 커튼 및 블라인드 필요
융통성 및 변화	• 월 1, 2회 정도 재구성하거나 놀이실 일부만 변화를 주어 안정감 있는 환경 제공

특히, 실내 놀이환경을 구성하는 원리를 구체적으로 제시하면 <표 Ⅸ-2>와 같이 정리할 수 있다.

〈표 Ⅸ-2〉 실내 놀이환경 구성 원리

구분	구성 조건
놀이환경 영역별 기능이 상반되는 경우 분리 배치	• 동적이고 물이 필요한 영역: 물놀이, 모래놀이 등 • 동적이고 물이 필요 없는 영역: 쌓기놀이, 역할놀이 등 • 정적이고 물이 필요한 영역: 요리놀이, 과학놀이, 미술놀이 등 • 정적이고 물이 필요 없는 영역: 언어놀이, 수놀이, 컴퓨터놀이, 조작놀이 등
놀이활동의 관련 정도에 따라 영역별 인접 배치	• 극놀이, 역할놀이는 쌓기놀이와 인접 배치 • 물놀이와 모래놀이 인접 배치 • 언어놀이와 컴퓨터놀이 인접 배치
활동성과 참여 아동 수를 고려한 영역별 공간 크기 선정	• 음률놀이, 쌓기놀이는 개방된 공간 • 학년초 역할놀이공간 확대, 2학기 언어놀이, 과학놀이공간 확대 • 아동의 흥미, 욕구에 따라 영역의 위치, 크기 조절
분명한 통로 설정	• 교실바닥 중앙은 빈 공간으로 원활한 이동 통로 및 대집단 활동이나 이야기 나누기 시간 활용 • 통로는 실내 놀이활동과 실외 놀이활동의 매개
교육내용, 계절, 흥미 등에 따른 놀이영역 재구성	• 학기 초 기본적 영역만 배치 • 교육 내용, 계절, 아동 흥미도에 따라 새 영역 배치
모든 영역 개방적 배치	• 아동을 한 눈에 관찰할 수 있는 개방적 배치 • 교사가 의자에 앉아서도 관찰 가능하고 시야가 가리지 않는 개방적 배치

한편, 놀이 영역을 구성할 때 고려해야 할 점은 다음과 같다(최석란 외, 2006).

첫째, 교구장은 놀잇감의 종류와 위치를 아동이 한 눈에 쉽게 볼 수 있도록 낮고 개방적이어야 한다.

둘째, 단정하고 체계적이며 논리적인 순서에 따라 배열해야 한다.

셋째, 소란한 활동은 함께 모여서 하고 조용한 활동과는 독립되고 분리되어야 한다.

넷째, 이용 가능한 공간과 어떤 활동이 이루어지는지를 알려 줄 수 있도록 명확하게 설정된 경계와 분명한 통로가 있어야 한다.

다섯째, 아동을 충분하게 수용할 수 있는 공간이 있어야 하고 바닥의 1/3~1/2 정도는 교구장과 교구가 없는 빈 공간으로 두어야 한다.

여섯째, 교재는 사용이 될 장소와 가까운 곳에 보관되어야 하고 보관 및 활동 공간은 눈으로 쉽게 확인할 수 있어야 한다.

일곱째, 아동은 어른에게 의존하지 않고 어떤 활동을 해야 하는지 알 수 있어야 하고 어떤 행동이 기대된다는 것을 아동에게 전달할 수 있어야 한다.

여덟째, 아동의 인원 수와 활동 수준에 적합하도록 배열해야 한다.

아홉째, 기본적인 놀잇감은 항상 해당 영역에 배치하지만, 교육의 주제, 계절, 흥미 등에 따라 변화를 주어야 한다.

나. 놀이 영역

놀이 영역에 따라 구성할 수 있는 실내 놀이환경은 <표 IX-3>과 같이 정리할 수 있다.

〈표 IX-3〉 놀이 영역에 따른 실내 놀이환경

구분	놀이 특성	놀이환경
조작놀이	• 놀잇감을 구성하고 조작하면서 인지, 감각 기능과 눈, 손의 협응력을 길러주는 놀이 • 개별적인 활동	• 소음이 적고, 아동의 왕래가 적은 곳에 배치 • 놀잇감이 흩어지는 것을 막기 위해 쟁반 및 바구니 등 활용 • 놀잇감을 구성하고 조작할 수 있는 낮은 책상 준비

구분	놀이 특성	놀이환경
쌓기놀이	• 적목, 블록 등을 이용해 구조물을 만들거나 무너뜨리고 다시 쌓는 과정을 경험하는 놀이 • 신체, 사회정서, 언어, 수리, 조형능력 등 발달	• 다양한 재질과 모양의 블록을 제공하고 소품 제공 • 아동이 구성할 수 있는 충분한 공간 제공 • 시끄러운 소리 막기 위해 카펫 배치 • 활동적이고 습기 없는 곳, 아동의 왕래가 적은 곳 배치 • 블록 보관 선반에 블록 모양, 그림, 윤곽 등에 표시
역할놀이	• 소꿉놀이, 극놀이, 가상놀이 등을 통해 어른들의 여러 행동을 모방하는 놀이 • 타인과의 관계를 경험해 봄으로써 사회성 발달	• 역할놀이와 쌓기놀이 영역은 서로 가깝게 배치하여 통합적인 지도 필요 • 아동의 주변 환경을 축소한 것과 같은 편안한 분위기 느끼는 환경 구성 • 다양한 놀이 경험을 할 수 있도록 직업과 관련된 복장 및 도구 마련
언어놀이	• 아동의 듣기, 말하기, 읽기, 쓰기 등 언어발달을 돕기 위한 놀이 • 다양한 사고와 표현을 해 봄으로써 창의력과 사고력 향상	• 조용하고 밝고 안정된 공간 배치 • 소파, 베개, 쿠션, 카펫 등 아늑하고 매력적인 공간 마련 • 아동의 왕래가 적고 물이 없는 장소 배치
조형놀이	• 그리기, 만들기, 꾸미기, 접기 등과 같은 조형을 표현하는 놀이 • 다양한 자료의 특성을 이해하는 활동을 통해 창의성 발달	• 풍부한 자료 구비 • 물이 있고 조용한 영역에 배치 • 책상에 비닐을 씌우고 물감 그림을 위한 이젤 밑에 비닐을 깔고 바닥 보호 • 비닐 앞치마나 가운을 준비하고 작품을 말리거나 보관하는 전시 공간 및 시설 준비
수학놀이	• 아동의 논리적이고 수학적인 사고 능력 발달을 돕는 놀이 • 수세기, 공간개념, 시간개념, 보존개념, 도형, 측정, 분류, 비교 등 수학의 기초개념 학습	• 언어, 과학, 조작놀이 영역과 인접 배치 • 영역을 축소할 경우 수학놀이와 과학놀이 영역, 수학놀이와 조작놀이 영역을 통합 구성 필요

구분	놀이 특성	놀이환경
과학놀이	• 동식물 및 여러 가지 자연현상과 과학적 현상을 경험하는 놀이 • 아동의 관찰, 탐구, 발견의 경험을 통해 객관적이고 과학적인 사고 함양	• 햇빛이 잘 들고, 물의 공급이 원활하며 조용하고 안정된 장소 배치 • 언어놀이와 수학놀이 영역과 인접한 장소 배치 • 아동의 흥미를 유발할 수 있는 돋보기, 자석, 현미경 등의 과학도구 및 동식물 기르기와 관련된 서적, 사진자료 등 준비
음률놀이	• 노래부르기, 악기연주, 음악 감상, 신체표현 등 일상생활 속에서 음악과 움직임을 경험하게 하는 놀이	• 다양한 악기, 녹음기, 피아노, 핸드폰 등 배치 • 음악 듣고 감상하고, 자유롭게 악기를 연주하며 음악에 맞추어 신체를 자유롭게 움직일 수 있는 넓은 공간 배치 • 소음으로 인해 인접 영역에 방해가 되지 않는 장소 배치
물놀이	• 물과 관련된 다양한 놀이	• 실내와 실내외 모두 배치 • 수도시설이 가까운 곳과 배수처리가 용이한 곳 배치 • 통로를 피하고 조용한 활동 영역과 인접하지 않은 곳 배치 • 바닥에 비닐깔개나 인조매트, 타일 등 깔기 • 비닐 앞치마, 방수 가운, 수건, 물놀이 기구 등 준비
모래놀이	• 모래와 관련된 다양한 놀이	• 실내와 실내외 모두 배치 • 아동의 왕래가 적고 물 공급이 가까운 장소에 배치 • 바닥에 비닐깔기 • 물놀이, 모래놀이 영역은 바닥에 타일이 깔린 미술놀이 영역과 인접한 장소 배치 • 플라스틱 삽, 계량컵, 빈통 등 다양한 모래놀이 도구 배치 • 빗자루, 쓰레받기 준비
목공놀이	• 대소근육을 이용하여 도구를 다루어 생활에 필요한 도구 및 활용에 대해 알고 성취감과 협동심을 기를 수 있는 놀이	• 다른 영역과 떨어진 조용한 장소 • 대소근육을 움직이는 데 지장 없는 안전하고 넓은 공간 확보 • 아동의 키에 적합한 목공 작업대 설치 • 연장과 부속자료를 보관할 수 있는 선반 및 서랍 확보

구분	놀이 특성	놀이환경
컴퓨터 놀이	• 아동이 컴퓨터를 활용하여 개별학습이나 게임을 할 수 있는 놀이	• 전기 콘센트가 가까이 있는 벽면에 배치 • 모니터가 부시지 않게 직사광선과 습기 없는 장소 배치 • 1대의 컴퓨터에 2~3명 아동이 함께 상호작용 할 수 있도록 구성 • 디스켓, CD-Rom, 프린트, 스피커 등 배치 • 언어놀이 영역과 인접한 장소에 배치하여 통합 지도
요리놀이	• 음식만들기와 관련된 다양한 놀이	• 독립된 영역으로 분리된 고정적으로 배치 • 물이 있고 조용한 활동이 가능한 장소 • 과학놀이 영역과 인접하여 배치 • 요리 방법이나 순서도를 도면으로 제작 및 배치

 ## 02 실외 놀이환경

가. 실외 놀이환경의 역할

실외 놀이환경의 역할을 정리하면 다음과 같다.

첫째, 실외 놀이환경은 아동의 다양한 신체활동을 자유롭게 할 수 있는 장소이기 때문에, 실내 놀이환경보다 대근육 운동이나 신체활동이 더 활발하게 이루어질 수 있다.

둘째, 실외 놀이환경은 아동에게 다양하고 풍부한 감각적인 경험을 제공하는 장소이므로, 시각, 청각, 촉각, 후각, 미각 등 오감을 통해 여러 가지 자연을 직접 경험하고 학습할 수 있다.

셋째, 실외 놀이환경은 자연학습의 장소이기 때문에, 여러 가지 동물과 식물뿐만 아니라, 해, 그림자, 구름, 비, 바람 등 다양한 자연현상도 함께 학습할 수 있다.

넷째, 실외 놀이환경은 구성놀이를 할 수 있는 장소이기 때문에, 모래성 쌓기, 터널, 두꺼비집 등 구성을 자유롭게 할 수 있다.

다섯째, 실외 놀이환경은 아동에게 정서적인 안정감을 제공해 주는 장소이기 때문에, 자연을 통해서 편안하고 여유로운 휴식을 취할 수 있다.

여섯째, 실외 놀이환경은 다양한 사회적인 관계를 유지하고 형성하는 장소이기 때문에, 협동적인 놀이를 통해서 또래와의 다양한 인간 관계를 맺을 수 있다.

일곱째, 실외 놀이환경은 아동에게 즐거움을 주는 장소이므로, 다양한 탐색과 도전을 통해 발견의 기쁨을 느낄 수 있다.

나. 구성 원리

실외 놀이환경을 구성할 수 있는 원리를 소개하면 <표 Ⅸ-4>와 같다(이귀숙·이성한·하진희, 2009).

〈표 Ⅸ-4〉 실외 놀이환경의 구성 원리

구분	구성 원리
위치와 면적	• 교사가 한 눈에 볼 수 있는 놀이환경 배치 • 햇볕이 잘 드는 건물의 남쪽에 배치 • 모래밭 및 놀이 시설물 3종 이상 설치 • 1인당 2.5m^2 이상의 면적
다양한 형태의 바닥표면	• 땅바닥, 모래, 잔디, 아스팔트 등 다양한 구성
놀이시설물의 종류와 양	• 고정 시설물과 이동 가능한 시설물 구분
다양성	• 시각적으로 구분되는 놀이 영역 배치 • 영역 내 이동이나 영역 간 이동 원활 • 아동이 다니기에 넓고 편한 통로 배치 • 90~150cm 정도의 통로 넓이 • 약간의 커브길이 있는 통로 배치
접근 용이성	• 교실과 통로가 연결되어 쉽게 이동 가능한 배치 • 실내 놀이환경과 유사한 활동이 이루어지게 구성 • 실내 활동이 실외에서 연장
안전성	• 놀이시설물의 높이, 크기, 바닥재질의 안전성 • 위험요소 줄이고 안전거리 확보 • 비위생적인 요소 제거 • 놀이시설물의 적절한 관리 및 감독 필요

다. 놀이영역

놀이영역에 따른 실외 놀이환경을 소개하면 <표 IX-5>와 같다.

〈표 IX-5〉 놀이 영역에 따른 실외 놀이환경

구분	놀이 특성	놀이환경
신체놀이	• 움직임이 큰 대근육 활동을 할 수 있는 놀이	• 개방된 공간 및 시설 배치 • 바닥에 흙, 잔디, 시멘트, 모래 등을 처리하여 활동에 따라 선택 가능 • 고정적 놀이 기구와 유동적 놀이 기구 배치 • 바닥에 모래 설치 • 영역 간 구분은 나무, 꽃, 울타리 등 조경시설과 바닥 표면의 처리, 통로 활용
역할놀이	• 실내 역할놀이에 비해 활동성이 크고 더욱 소란한 놀이	• 넓은 공간 및 다양한 시설물 배치 • 시설과 시설을 연결 • 그늘진 장소에 배치 • 작은 놀이집, 의자, 파라솔, 소꿉놀이용 소품, 다양한 음식 모형 등 함께 제공
탐구놀이	• 자연을 직접 관찰하고 실험하고 탐구하는 놀이	• 햇빛, 그늘의 비율, 토양, 통풍, 습기 등이 알맞은 곳에 텃밭과 정원 배치 • 건물의 측면에 적당한 그늘이 있는 곳에 동물 사육장 배치
물·모래 놀이	• 물과 모래를 이용하여 다양한 활동을 하는 놀이	• 플라스틱 양동이, 인형, 삽, 나뭇잎 등 다양한 놀잇감 활용 • 물놀이와 모래놀이 영역의 인접한 장소에 배치 • 아동의 왕래가 적은 장소 배치 • 수도시설이 가깝고 배수가 잘 되는 장소, 햇빛이 잘 비치고 그늘이 있는 장소에 모래장 배치
목공놀이	• 아동의 소근육과 눈과 손의 협응력을 발달시킬 수 있는 놀이	• 망치, 톱, 못, 자석, 송곳 등 다양한 연장 마련 • 연장을 보관할 수 있는 장소 배치 • 벽면을 이용하여 연장을 걸 수 있도록 준비 • 신체놀이 영역과 동떨어진 장소 배치 • 햇빛이나 바람을 막는 장소 배치 • 천막이나 나무 등을 이용한 그늘이 있는 장소 배치

CHAPTER

10 놀이 지도

01 놀이 지도의 교육적 의의

아동의 놀이 지도는 아동 놀이에 대한 인정, 교사와의 유대감 형성, 인지적 수준 및 사회적 수준 향상, 놀이 지속 시간 증가, 또래와의 상호작용 증가, 놀이의 풍부화, 비계 설정을 통한 활동 수준 향상 등 <표 X-1>과 같은 교육적 의의를 지닌다(Johnson et al, 1999).

〈표 X-1〉 놀이 지도의 교육적 의의

구분	교육적 의의
아동놀이에 대한 인정	• 교사가 아동이 선택한 놀이에 참여하여 긍정적인 상호작용을 하면 가치 있는 활동으로 수용
교사와의 유대감 형성	• 교사와의 긍정적인 상호작용 경험을 통한 친밀한 관계 및 유대감 형성
인지적 수준 및 사회적 수준 향상	• 또래 아동 간의 상호작용을 통해 인지적, 사회적 수준 향상
놀이 지속 시간 증가	• 교사가 아동의 놀이 지도에 참가하면 아동은 놀이에 더욱 집중하여 주의 집중 시간과 놀이 지속 시간 증가
또래 간 상호작용 증가	• 또래 간 상호작용을 통해 사회성 발달, 교사와의 친밀감, 또래 간 상호작용 활발
놀이의 풍부화	• 교사가 아동에게 새로운 의견이나 기술을 제공해 줌으로써 놀이 범위의 양적, 질적 확대
비계 설정을 통한 활동 수준 향상	• 교사가 촉진자, 조력자로 참여하여 아동 혼자하기 어려운 활동의 비계 설정을 함으로써 활동 수준 향상

02 놀이 지도를 위한 사전 준비

놀이 지도를 하기 전 교사가 고려해야 할 사항은 시간, 공간, 놀잇감, 사전 경험, 능동적 관찰 등 <표 X-2>와 같다(Griffing, 1983).

〈표 X-2〉 놀이 지도를 위한 사전 준비

구분	사전 준비
시간	• 자유놀이시간은 50분 정도 적합 • 수준 높은 단계의 사회적, 인지적 놀이는 충분한 시간 제공
공간	• 구성놀이는 쌓기놀이 영역 공간 제공 • 사회극놀이는 역할놀이 영역 공간 제공
놀잇감	• 사회적, 인지적 놀이는 구성놀이, 역할놀이, 집단놀이, 규칙 있는 게임 등을 조장할 수 있는 놀잇감 제공
사전 경험	• 견학, 전문가 초빙, 동화 등 다양한 활동을 제공하는 사전 경험 제공
능동적 관찰	• 교사가 적극적으로 관찰하여 정보를 획득하는 동시에 아동 놀이 확장 가능

03 놀이 지도 시 교사의 역할

놀이 지도에 있어서 교사의 역할은 관찰자, 계획자, 상호작용자, 감독자, 평가자 등 <표 X-3>과 같이 다섯 가지로 정리할 수 있다.

〈표 X-3〉 놀이 지도에서 교사의 역할

구분	교사 역할
관찰자	• 아동의 놀이를 주의 깊게 관찰해 언어, 인지, 사회, 정서, 신체 발달 수준 파악 • 아동의 놀이를 확장하는 데 필요한 정보 수집
계획자	• 아동의 발달과 수준에 적합한 놀이환경을 사전에 계획 • 생활 주제, 교육목표, 환경 등을 고려한 계획 수립

구분	교사 역할
상호작용자	• 놀이집단의 참여자가 되어 직접 참여하여 놀이 진행을 도와주거나 조언 • 놀이에 참여하지 못하거나 특정한 놀이만 하는 아동과 개별적 상호작용
감독자	• 놀잇감의 위험성, 비위생적인 요소, 놀이공간의 적합성, 정리정돈 상태 등 확인 및 감독
평가자	• 다양한 관찰 평가 방법을 숙지하여 아동의 놀이 행동 평가

 04 놀이 단계별 지도

놀이 과정은 놀이 계획, 놀이 진행, 놀이 정리 및 평가 단계 등 <표 X-4>
와 같이 세 단계를 거친다.

〈표 X-4〉 놀이 단계별 지도

구분	지도 방법
놀이 계획 단계	• 교사는 아동이 놀이를 선택한 이유, 놀이 진행 방법, 놀이 시간, 놀이 친구 등을 계획할 수 있도록 격려 • 대, 소집단 활동을 이용한 자신의 계획 발표 유도 • 흥미 영역별로 필요한 자료 준비 • 생활주제, 계절 등과 관련된 자료 비치 • 부족한 놀이공간 확대, 불필요한 공간 축소 등 놀이공간 계획
놀이 진행 단계	• 개별적으로 계획한 놀이가 잘 수행되고 있는지, 상호작용은 어떠한지, 발생한 문제는 잘 해결되고 있는지 관찰 • 다양한 형태의 놀이 동료로서 역할 수행 • 공동놀이자로 참여 • 놀이에 적극적 개입을 통해 놀이 규칙 선정 등에 도움 제공
놀이 정리 및 평가 단계	• 놀잇감을 정리하고 주변 정리할 수 있도록 유도 • 계획한 놀이가 잘 진행되었는지, 무엇이 가장 재미있었는지 등에 대한 발표

05 놀이 지도의 원리

아동이 효과적으로 놀이를 하기 위해서는 <표 X-5>와 같은 놀이 지도의 원리가 필요하다(정금자, 2001).

〈표 X-5〉놀이 지도의 원리

구분		지도 원리
아동의 즐거움 중시	호기심과 새로움	• 놀이의 즐거움에는 새로운 체험에 도전하는 모험심 작용
	발상의 참신성	• 놀이의 즐거움에는 독창적 발상 존재
	상상과 자신감	• 놀이에 몰두하여 자신감을 가질 때 즐거움
	계획과 조건	• 놀이 도구, 재료, 놀이공간, 시간 등 구체적인 계획 수립
	자료의 사용	• 놀이 활동에 필요한 다양한 재료와 용구 준비
	놀이의 기쁨	• 스스로 구상해서 또래와 놀이 활동에 참가하는 기쁨
충분한 놀이 활동 환경 조성	시간 여유	• 여유 있는 시간 마련
	소극적 지도	• 아동 주도적인 놀이 활동
	다양성 중시	• 규칙보다 다양하고 융통성 있는 놀이 활동
놀이의 문제점 보완		• 놀이에서 나온 문제점의 수정 및 보완
개인차· 개성 존중	능력 차이	• 아동 스스로 긍정적인 평가하고 의식하도록 보조
	성격 차이	• 성격 차이에 유의하여 지도
	경험 차이	• 놀이 사전 경험 및 생활 경험 유의하여 지도
	성 차이	• 성 차이에 유의하여 지도
생활 적응 기본 태도 함양	상상력	• 즐겁게 상상력 발휘하도록 유도
	집중력	• 주의 집중력을 향상시킬 수 있도록 유도
	준비 및 마무리	• 놀이를 하기 위한 준비, 놀이 종료 후 마무리

특히, Waite-Stupiansky(1997)는 놀이를 통한 학습을 위한 교수 원리를 다음과 같이 제시하였다.

첫째, 아동에게 놀이를 위한 상황, 놀잇감, 시간을 제공해야 한다.

둘째, 교사 자신이 놀이를 좋아하는 태도를 가지고 아동이 놀도록 지도해야 한다.

셋째, 놀이를 통해 교육과정을 통합해야 한다.

넷째, 놀이를 통해 아동의 사고를 확장시켜야 한다.

다섯째, 아동의 놀이에 너무 많은 규칙과 강제를 부과시켜서는 안 된다.

여섯째, 아동의 놀이 가치에 대해 부모 등의 관계자와 의사소통을 해야 한다.

일곱째, 아동의 사회적, 인지적, 정서적, 신체적 발달을 평가하고 기록하여 놀이를 해야 한다.

06 놀이 지도의 방법

아동에게 놀이를 지도하는 방법은 <표 X-6>과 같이 정리할 수 있다 (Johnson et al, 1999).

〈표 X-6〉 놀이 지도 방법

구분		지도 방법
지지적 역할	관찰자	• 관찰하는 동안 아동의 놀이에 교사는 반응적으로 대해야 함 • 관찰을 통해 교사는 제공하는 놀이 자료, 개입 시기, 아동의 현재 흥미와 요구 등을 파악 • 아동의 언어적, 비언어적 행동 기록을 통한 아동 발달에 적합한 프로그램 계획
	무대관리자	• 놀이에 개입하지 않고 놀이를 위한 준비를 돕고 놀이 배경을 꾸미는 데 도움 제공
	병행놀이자	• 교사가 아동의 곁에서 동일한 놀잇감을 가지고 놀지만, 아동과 직접적인 상호작용은 하지 않음
	공동놀이자	• 교사가 아동의 놀이에 동등한 파트너로 참가
	놀이 리더	• 교사가 아동의 놀이에 적극적으로 참여 • 교사의 의도적인 개입, 새로운 놀이 주제 제안 • 극적인 요소와 소품 첨가
지시적 역할	지시자	• 교사가 아동의 놀이 통제 및 놀이 전개 지시 • 아동에게 무엇을 할지 지시하여 역할 지정
	교수자	• 교사가 질문을 통해 학습을 위한 매개체로 활용 • 놀이 잠시 중단 후 아동에게 학습과 관련된 현실지향적 질문 제시

CHAPTER

11 놀이 관찰 및 평가

일반적으로 놀이 행동을 관찰하기 위해서는 다음과 같은 놀이 관찰 지침을 준수해야 한다(박낭자 외, 2008).

첫째, 아동의 놀이 행동 관찰 목적을 먼저 결정하고 그 목적에 적합한 관찰 방법을 선택해야 한다.

둘째, 아동의 능력을 최대한 발휘할 수 있도록 다양한 자료의 환경을 구성해 주어야 한다.

셋째, 가능한 실내·외 모든 놀이 영역을 관찰해야 한다.

넷째, 아동이 교실 환경뿐만 아니라, 또래 집단 간 서로 익숙해졌을 때 관찰한다.

다섯째, 아동의 놀이 행동을 보다 정확하게 관찰하기 위해서는 반복적으로 관찰해야 한다.

특히, 놀이 관찰 방법은 관찰자가 직접 놀이 활동에 참여하면서 관찰하는 참여 관찰과 놀이 상황에 전혀 참여하지 않고 지켜보면서 관찰하는 비참여 관찰이 있다.

(01) 행동목록표

가. 시간표집법

시간표집법은 미리 선정된 관찰 대상의 행동을 일정한 시간 동안 일정한 간격에 따라 반복적으로 관찰하여 기록하는 방법으로서, 정해진 관찰 기간 동안 계속 관찰하는 것이 아니라, 일정한 간격으로 잠시 행동을 관찰하여 결과를 기록함으로써, 비교적 짧은 시간 사이에 행동이 얼마나 발생했는지를 양적으로 측정할 수 있다(황해익, 2004).

특히, 시간표집법은 특정 행동이나 사건의 발생 빈도를 파악하는 경우, 행동 수정 프로그램을 작성하는 경우, 평정 척도 등의 측정도구를 개발하는 경우에 유용하다(김석우·최태진, 2007).

시간표집법의 유형은 시점 표집과 시간격 표집 등 <표 XI-1>과 같다(이종승, 2009).

〈표XI-1〉 시간표집법의 유형

구분	특징
시점 표집	• 관찰 단위 시간이 끝나는 순간 관찰하고자 하는 내용의 행동이나 현상을 보고 결과를 기록하는 방법 • 정해진 시간 동안 계속 관찰하지 않고 몇 번의 순간만 선택해서 관찰하는 방법
시간격 표집	• 일정한 시간적 간격에 걸쳐 계속적으로 관찰하고 해당 시간 간격 동안 관찰하는 행동이나 현상이 여러 번 나타나도 한 번만 기록하는 방법

일반적으로 시간표집법의 양식은 <그림 XI-1>과 같다.

구분	초						1분											
	10	20	30	40	50	60												
A																		
B																		

A: 남자, B: 여자

▱ : 남자→여자, ◹ : 여자→남자, ⊠ : 남자↔여자

[그림 XI-1] 시간표집법의 양식

한편, 시간표집법의 장점과 단점을 비교해 보면 <표 XI-2>와 같다.

〈표 XI-2〉 시간표집법의 장점과 단점

장점	단점
• 관찰 상황 통제 용이 • 시간과 노력 적게 소모 • 효율적인 관찰 기록 • 행동이나 사건의 발생 빈도 파악 가능 • 질적 연구에 활용 • 신뢰도와 객관성 높음 • 수량화를 통한 통계적 분석 용이 • 기록과 채점 용이	• 질적인 분석의 어려움 • 행동과 행동 사이의 상호관계 파악의 어려움 • 단편적인 자료 • 상황적 설명 부족 • 사건의 배경, 상호 작용 형태, 행동의 인과관계, 결과 파악의 어려움

한편, 시간표집법을 이용하여 쉽게 사용할 수 있는 척도는 사회적 놀이 수준 척도, 인지적 놀이 수준 척도, 사회-인지적 놀이 수준 척도, 사회극놀이 척도, 또래놀이 척도 등 각각 <표 XI-3>, <표 XI-4>, <표 XI-5>, <표 XI-6>, <표 XI-7>과 같이 요약할 수 있다.

〈표 XI-3〉 사회적 놀이 수준 척도

구분	놀이행동				비놀이행동	
	혼자놀이	병행놀이	연합놀이	협동놀이	비참여 행동	방관 행동
이영희						
김철수						
홍길동						

※관찰자는 관찰대상자를 20초 관찰한 후 어느 수준에 속하는지 10초간 ✓표로 기록한다.

〈표 XI-4〉 인지적 놀이 수준 척도

구분	기능놀이	구성놀이	극놀이	규칙 있는 게임
이영희				
김철수				
홍길동				

※관찰자는 관찰대상자를 20초 관찰한 후 어느 수준에 속하는지 ✓표로 기록한다.

〈표 XI-5〉 사회-인지적 놀이 수준 척도

구분	전이 활동	아무것 도하지 않음	방관	공격	교사외 대화	또래외 대화	혼자놀이						병행놀이						집단놀이					
							기능 놀이	탐색	읽기	구성 놀이	극 놀이	게임	기능 놀이	탐색	읽기	구성 놀이	극 놀이	게임	기능 놀이	탐색	읽기	구성 놀이	극놀이	게임
이영희																								
김철수																								
홍길동																								

※관찰자는 관찰대상자를 20초 관찰한 후 어느 수준에 속하는지 ✓표로 기록한다.

〈표 XI-6〉 사회극놀이 수준 척도

구분	역할 놀이	가작화			상호 작용	언어적 의사소통		지속성
		물체	행동	상황		상위 의사 소통	가장 의사 소통	
이영희								
김철수								
홍길동								

※관찰자는 관찰대상자를 1분 관찰한 후 어느 수준에 속하는지 ✓표로 기록한다.

<표 XI-7> 또래놀이 척도

| 구분 | 0수준 | 1수준 | 2수준 | 3수준 | 4수준 | 5수준 | 6수준 | 비놀이행동 | |
	혼자 놀이	단순 병행놀이	관심있는 병행놀이	단순 사회놀이	상호 보완적 놀이	협동적 사회 가작화 놀이	복합적 사회 가작화 놀이	교사 개입 여부	놀이 영역 (놀잇감)
이영희									
김철수									
홍길동									

※관찰자는 관찰대상자를 15초 관찰한 후 어느 수준에 속하는지 ✓표로 기록한다.

나. 표본기록법

표본기록법은 정해진 시간 동안 일정한 간격으로 관찰 대상의 행동이나 상황 조건에서 나타나는 것을 자세히 이야기식으로 기술하는 방법으로서, 행동의 일화를 가장 자세하고 완전하게 전체를 기록한다.

특히, 표본기록법은 지속적 관찰기록법으로서, 특정한 행동에 대한 해석이나 평가를 목적으로 하는 것이 아니라, 아동의 행동이나 상황을 가능한 한 있는 그대로 많이 기록하는 것이 목적이다(황해익, 2004). 이러한 표본기록법은 특정한 계획을 수립하여 문제를 해결하는 경우, 집단 상황을 파악하는 경우, 교과과정 및 학습자료를 평가하기 위한 도구로 사용하는 경우에 매우 유용하다(이종승, 2009). 이러한 표본기록법을 이용하여 관찰할 경우 유의해야 할 점은 다음과 같다(장휘숙·한건환, 2005).

첫째, 1회 관찰은 10~30분 정도가 적당하고 모든 행동을 관찰하여 전체적으로 기록한다.

둘째, 관찰 대상 아동의 행동과 상황에 초점을 맞추고 아동이 수행한 행동에 대한 '어떻게'를 기록해야 한다.

셋째, 가능하면 행동을 긍정적으로 기술하고, 행동 지속시간이나 관찰 장면이 바뀌면 시간을 표시해 두어야 한다.

일반적으로 표본기록법의 양식은 <표 XI-8>과 같다.

〈표 XI-8〉 표본기록법의 양식

관찰대상		관찰자	
관찰장면		관찰날짜	
관찰시간	기록		해석

한편, 표본기록법의 장점과 단점을 비교해 보면 <표 XI−9>와 같다(장휘숙·한건환, 2005).

〈표 XI-9〉 표본기록법의 장점과 단점

장점	단점
• 맥락 속의 행동 관찰 가능 • 높은 안면 타당도 • 특별한 관찰 기술 불필요 • 질적 연구에 활용	• 수량화하기 위한 기준 애매모호

다. 사건표집법

사건표집법은 관찰하고자 하는 행동이나 사건을 명확하게 정해 놓고 해당하는 행동이나 사건이 발생하기를 기다렸다가 관찰하여 기록하는 방법으로서, 얼마나 시간이 걸릴 것인지 예측하기가 매우 어렵다. 이러한 사건표집법의 유형은 서술식 사건표집과 빈도 사건표집 등 <표 XI−10>과 같이 분류할 수 있다(이정환·박은혜, 1995).

〈표 XI-10〉 사건표집법의 유형

구분	특징
서술식 사건 표집	• 문재행동 전후의 사건을 서술하여 행동의 원인을 밝히는 데 사용 • 관찰하고자 하는 사건이나 행동이 일어나기 전의 상황(A), 사건이나 행동(B), 사건이나 행동이 일어난 결과(C)를 순서대로 기록
빈도 사건 표집	• 문제행동이 얼마나 자주 일어나는지 파악하는 데 사용 • 표집되는 행동의 단위를 상호배타적이고 포괄적으로 범주화

일반적으로 사건표집법의 양식은 <표 XI-11>과 같다.

〈표 XI-11〉 사건표집법의 양식

관찰대상			관찰자	
관찰장면			관찰날짜	
관찰시간	사건 전 상황		사건	사건 후 결과

한편, 사건표집법의 장점과 단점을 비교해 보면 <표 XI-12>와 같다(김병선·이윤옥, 1998).

〈표 XI-12〉 사건표집법의 장점과 단점

장점	단점
• 사건 전후 맥락 파악 용이 • 자주 발생하지 않는 행동과 관찰하기 어려운 행동 관찰 용이 • 관찰자의 시간 절약	• 관찰된 자료의 수량화 어려움 • 관찰 시간 예측의 어려움 • 관찰된 자료의 수량화 어려움

02 평정 척도

가. 놀이성 평정 척도

놀이성 평정 척도는 아동의 놀이성을 평가할 수 있는 평가 척도로서, 신체적 자발성, 사회적 자발성, 인지적 자발성, 분명한 즐거움, 유머 감각 등 다섯 가지 행동 특성을 5점 Likert 척도로 평가하는 방법이다(Barnett, 1990). 구체적인 놀이성 평정 척도 내용은 <표 XI-13>과 같다.

〈표 XI-13〉 놀이성 평정 척도

영역	문항	전혀 그렇지 않다	조금 그렇지 않다	보통 이다	많이 그렇다	매우 많이 그렇다
신체적 자발성	아동의 동작이 잘 통합되어 있다.					
	놀이하는 동안 신체적으로 능동적이다.					
	조용하기보다는 능동적인 것을 선호한다.					
	달리기, 한발뛰기, 껑충뛰기, 점프를 한다.					
사회적 자발성	타인의 접근에 쉽게 반응한다.					
	타인과의 놀이를 제안한다.					
	다른 아동과 협동적으로 놀이한다.					
	놀잇감을 기분좋게 공유한다.					
	놀이를 할 때 리더의 역할을 한다.					
인지적 자발성	스스로 게임을 창안한다.					
	놀이하는 동안 창의적으로 사물을 사용한다.					
	다양한 등장인물의 역할을 맡는다.					
	놀이하는 동안 활동을 변화시킨다.					
분명한 즐거움	놀이하는 동안 즐거움을 표현한다.					
	놀이하는 동안 충만함을 나타낸다.					
	놀이하는 동안 열정을 보인다.					
	놀이하는 동안 감정을 표현한다.					
	놀이하는 동안 노래하고 말한다.					
유머 감각	다른 아동과 농담을 즐긴다.					
	다른 사람을 조용하게 놀린다.					
	재미있는 이야기를 말한다.					
	우스운 이야기를 듣고 웃는다.					
	주변에서 익살부리는 것을 좋아한다.					

나. 상호작용적 또래놀이 평정 척도

상호작용적 또래놀이 평정 척도는 놀이 상호작용, 놀이 방해, 놀이 단정 등 세 가지 영역으로 구분하고 4점 Likert 척도로 평가하는 방법이다. 구체적인 상호작용적 또래놀이 평정 척도 내용은 <표 XI-14>와 같다.

〈표 XI-14〉 상호작용적 또래놀이 평정 척도

영역	문항	관찰되지 않음	가끔	자주	매우 자주
놀이 상호 작용	생각 공유하기				
	다른 아동 리더하기				
	다른 아동 돕기				
	다른 아동의 행동 긍정적으로 지도하기				
	다른 아동이 놀이에 참여하도록 격려하기				
	놀이 이야기와 행동을 만드는 데 창의성 보이기				
놀이 방해	싸움과 논쟁 시작하기				
	타인에게 거절 당하기				
	역할 바꾸지 않기				
	고자질하기				
	다른 사람의 물건 파괴하기				
	언어적 공격과 비난하기				
	울음, 불평, 화내기				
	다른 아동이 갖고 있는 물건 빼앗기				
	신체적 공격하기				
놀이 단절	놀이 집단 주변 배회하기				
	위축 행동 보이기				
	목적 없이 쳐다보기				
	타인에 의해 무시당하기				
	놀이 집단 속으로 초청 받지 못하기				
	초대되었을 때 놀이에 참여하기 거절하기				
	놀이를 할 때 갈팡질팡하기				
	교사의 지시를 필요로 하기				
	불행한 것처럼 보이기				
	한 활동에서 다른 활동으로 이동하기에 어려움 갖기				

03 일화기록법

일화기록법은 개인의 특성을 이해하기 위해 개인의 구체적인 행동 사례나 특정 사건에 관련된 관찰을 상세하게 기록하는 방법이다(황해익, 2004). 이러한 일화기록법은 학생의 사회적, 정서적 특성과 집단 내의 인간관계를 파악할 경우, 학생의 문제 행동을 파악할 경우, 예기치 않은 행동이나 사건을 관찰할 경우에 매우 유용하고 일반적으로 사례 연구에서 많이 사용된다.

특히, 일화기록법은 일기나 신문기사 쓰는 것과 유사하게 사실적으로 상황, 날짜, 장소, 시기, 원인, 결과, 등을 구체적으로 서술해야 하기 때문에, 관찰자의 사실, 생각, 느낌 등을 구별해서 기술해야 한다. 이러한 일화기록법을 이용하여 관찰할 경우 유의해야 할 점은 다음과 같다(이종승, 2009; 김아영, 2000).

첫째, 특정한 행동이나 사건이 일어난 시기, 상황, 원인, 결과 등을 사실적으로 기술한다.

둘째, 객관적 사실과 관찰자의 해석 및 의견을 명확히 구분하여 기록하고 다른 사람의 반응도 같이 기록해야 한다.

셋째, 여러 시기에 일어난 서로 다른 일화들을 총괄적으로 기록하지 말고 각각의 일화를 독립적으로 기록한다.

넷째, 일화적 사건이 발생 후 가능하면 즉시 기록하고 사건이 일어난 순서대로 기록한다.

다섯째, 연구 참여자의 행동과 말, 표정, 몸짓 등을 구분하여 기술한다.

일반적으로 일화기록법의 양식은 <표 XI-15>와 같다.

〈표 XI-15〉 일화기록법의 양식

관찰대상		관찰자	
관찰장면		관찰일시	
사건			
의견			
해석			

한편, 일화기록법의 장점과 단점을 비교해 보면 <표 XI-16>과 같다(장휘숙·한건환, 2005).

〈표 XI-16〉 일화기록법의 장점과 단점

장점	단점
• 심층적인 행동 이해 가능 • 면접이나 실험실 상황에서 얻은 아동의 자료 보충	• 많은 시간 소모 • 정확하게 관찰되고 기록되지 않은 일화기록의 문제 • 전체 행동 중 일부만 기록하므로 해석의 오류 가능성 • 바람직하지 못한 행동의 일화기록으로 아동 평가 • 행동의 일화기록 시 객관성 유지의 어려움

12 놀이치료와 치료놀이

 01   놀이치료의 개념 및 유형

가. 놀이치료의 개념

놀이치료는 정서적으로 어려움을 가지고 있는 아동이 치료자와의 놀이를 통한 따뜻한 인간관계를 통해서 어려움을 해소해 주고 아동의 가족에 대한 이해를 전제로 하는 치료 방법 중 하나이다. 이러한 놀이치료의 가치를 정리하면 다음과 같다(김수영·김수임·김현아·정정희, 2007).

첫째, 놀이는 가장 즐거운 활동이다.

둘째, 놀이는 내적 동기에 의해 유발되는 자발적인 활동이다.

셋째, 놀이는 감정을 효과적으로 전달할 수 있는 자연스러운 과정이다.

넷째, 놀이는 아동의 긴장과 불안을 완화시키고 수동적인 태도를 감소시킨다.

다섯째, 놀이를 통해 분노, 불안, 좌절감 등의 감정을 표출할 수 있다.

여섯째, 놀이는 놀잇감을 매개로 인간이 중심되어 마음을 주고받는 활동이다.

일곱째, 놀이 속에서 아동은 진실되게 자유롭고 스스로 선택하여 무엇이든지 실험할 수 있다.

여덟째, 놀이를 통해 아동을 관찰함으로써 아동을 더 잘 이해할 수 있다.

아홉째, 놀이를 통해 아동이 수용되고 관심을 받고 있다는 것을 느끼고 놀이를 할 때 아동과 성인의 힘의 평등화가 있다.

열째, 놀이는 사회적 기술을 발달시키는 기회를 제공한다.

열한째, 놀이는 아동이 새로운 역할을 시도해 볼 수 있는 기회를 주고 안전한 환경에서 다양한 문제해결 방법을 실험할 수 있다.

나. 놀이치료이론의 유형

놀이치료의 대표적인 이론은 정신분석적 놀이치료, 아동중심적 놀이치료, 구조적 놀이치료 등으로 구분할 수 있다.

먼저 정신분석적 놀이치료에서 놀이를 쾌락원리의 표현, 즐거움을 위해 이루어지는 활동, 반복충동, 객관적이고 본능적인 불안 극복하는 활동, 문제 해결 및 극복을 위한 기제 등으로 보고 있다(고문숙·임영심·황정숙, 2008).

특히, 정신분석적 놀이치료의 대표적인 학자는 Freud와 Klein가 있다(<표 XII-1> 참조).

〈표 XII-1〉 정신분석적 놀이치료의 학자

구분	놀이의 관점
Freud	• 아동에 대한 중요한 정보 수집 • 아동과 긍정적 정서관계 형성 • 부정적 관계나 부정적 전이 회피
Klein	• 아동의 자연스러운 표현 매체 • 의사소통 수단 • 부모와의 관계에서 발생된 성적 갈등과 공격성의 상징적 표현

한편, 정신분석적 놀이치료에서 치료자의 역할은 참여 관찰자 입장으로서, 놀이를 통해 아동과 치료적 동맹을 맺고 치료 동맹 과정을 통해 놀이에서 언어로 단계적으로 변화되어야 하며 아동의 꿈의 분석으로 발전하게 하는 것이다.

다음으로 아동중심적 놀이치료에서 아동의 과거 경험을 표현하여 치료하는 초기 정신분석적 놀이치료와 달리, 아동의 지금 현재 감정 상태에서 시작하여 아동의 문제를 해결함으로써 자아실현을 달성하는 치료방법이다(정진·성원경, 2007). 이러한 아동중심적 놀이치료의 대표적인 학자는 Axline와 Rogers 등이 있다. 그 중에서도 Axline(1969)은 아동중심적 놀이치료에서 치료자가 갖추어야 할 8가지 항목을 소개하면 다음과 같다.

첫째, 치료자는 가능한 빨리 따뜻하고 친밀한 관계를 형성해야 한다. 둘째, 치료자는 아동을 있는 모습 그대로 수용해야 한다. 셋째, 치료자는 허용적인 관계를 유지하여 아동이 자신의 감정을 자유롭게 표현할 수 있도록 해야 한다. 넷째, 치료자는 아동이 표현하는 감정을 인식하고 반영시켜줌으로써 아동의 행동에 통찰력을 갖도록 한다. 다섯째, 치료자는 아동 자신이 문제해결의 능력이 있다는 것을 존중하고 책임감과 신뢰감을 가지도록 한다. 여섯째, 치료자는 아동의 행동이나 대화에서 비난, 명령을 해서는 안 된다. 일곱째, 치료자는 치료 중 급하게 서둘러 시도하지 않고 기다려준다. 여덟째, 치료자는 꼭 필요한 경우 제한을 분명히 말해 주고 적절하게 표현할 수 있는 다른 방법을 제시하여 아동이 선택할 수 있도록 한다.

아동중심적 놀이치료의 대표적인 학자인 Axline과 Rogers를 비교하면 <표 XII-2>와 같다.

〈표 XII-2〉 아동중심적 놀이치료의 학자

구분	놀이의 관점
Axline	• 아동의 환경과 부조화 문제를 해결함으로써 자아실현을 촉진시켜 주는 과정 • 내담자 중심 치료의 비지시적 방법
Rogers	• 따뜻함, 개방성, 존경 • 수용과 존중의 태도

끝으로 구조적 놀이치료는 정신분석적 놀이치료와 아동중심적 놀이치료의 중립적인 입장을 취한 것으로서, 목표지향적인 접근을 위한 근거로서 정신분석적 이론을 사용한 치료방법이다. 이러한 구조적 놀이치료의 특징으로는 짧은 치료기간, 현실에 초점, 지나친 상징적 해석 회피, 치료자와 아동 간 관계 중시, 음악·문학·연극 등 표현적 예술 사용 등이 있다(전남련 외, 2007). 대표적인 구조적 놀이치료의 대표적인 학자인 Levy와 Hambridge를 비교하면 <표 XII-3>과 같다.

〈표 XII-3〉 구조적 놀이치료의 학자

구분	놀이의 관점
Levy	• 아동 개인사를 통해 문제 원인 파악 후 문제해결에 도움을 주는 놀잇감 선정 후 놀이 통제 • 이완치료
Hambridge	• 아동 개인사 파악 후 아동의 놀이행동을 관찰하고 아동의 스트레스 원인에 대한 가설을 수립하여 극놀이를 통해 스트레스 상황 재현 • 의상놀이치료, 음악치료, 미술치료

02 놀이치료의 단계

놀이치료를 하는 과정은 진단 및 치료 계획 수립, 놀이치료 초기, 놀이치료 중기, 놀이치료 종료 및 추수 지도 등 <표 XII-4>와 같이 네 가지 단계를 거친다.

〈표 XII-4〉 놀이치료의 단계

구분	내용
진단 및 치료 계획 수립	• 아동과 아동의 부모 면접 • 아동과의 라포(Rapport) 형성 • 아동의 행동이나 언어 등 세밀한 관찰 • 부모 면접, 아동 관찰 결과, 아동 심리검사 결과 등을 종합적으로 활용하여 치료 계획 수립 • 치료의 목표 설정, 치료 횟수, 치료 시간 등 계획
놀이치료 초기	• 아동이 놀이실과 치료자를 탐색하는 단계 • 아동이 놀이환경에 대해 자유롭고 편안하게 탐색할 수 있는 분위기 조성 • 치료자가 수용적 태도로 아동이 안정감을 느낄 수 있는 관계를 형성하기 위해 라포 형성
놀이치료 중기	• 전체 치료 과정 중에서 가장 긴 시간 • 자신의 문제 인식, 부모와 관계의 부족한 부분 보상, 문제 상황 및 갈등의 통합 • 부정적 감정 감소, 긍정적인 자아 수용하는 치료 변화 과정 경험
놀이치료 종료 및 추수 지도	• 현실상황에 적응하고 문제행동 감소 • 놀이치료의 목표 달성 여부 확인 • 놀이치료 종료의 마음 준비 확인 • 놀이치료 종료 4주 전 미리 종료 시기 안내

03 놀이치료실과 놀잇감

놀이치료실은 채광, 통풍, 방음, 안락한 분위기 등 안정된 놀이공간이 되어야 하고 실내 장식은 단순하며 시각적 자극이 강하지 않아야 한다.

특히, 놀이치료실의 크기는 개인치료실의 경우 3~7평, 집단치료실의 경우 10평 내외가 적합하고 바닥은 리놀륨이 좋으며 관찰을 위해 일방경을 설치하고 관찰을 원하지 않을 경우 커튼을 칠 수 있어야 한다(전남련 외, 2007).

한편, 놀이치료실에 배치되어야 할 놀잇감의 종류는 <표 XII-5>와 같다(유미숙, 2003).

〈표 XII-5〉 놀이치료실의 놀잇감 종류

구분	종류
현실생활에서 다루기 어려운 공격성이나 의존성 등의 감정을 촉진할 수 있는 놀잇감	젖병, 총, 장갑차, 병정
아동의 긍정적인 관계 형성을 돕는 놀잇감	가족인형, 인형집, 가구
아동이 자신의 감정을 방어 없이 드러내고 폭넓은 감정표현을 하는 놀잇감	손인형, 봉제인형
실생활의 경험을 탐색할 수 있는 놀잇감	병원놀이, 소꿉놀이
긍정적 자아상의 발달을 돕는 놀잇감	
자기 통제력의 발달을 돕는 놀잇감	모래도구, 게임도구
상호작용을 촉진시키는 놀잇감	전화기, 장난감 그릇, 음식, 자동차
의상	공주, 왕자, 천사, 동물
미술도구 및 재료	점토, 고무찰흙, 사인펜, 크레파스, 색연필
모형물	레고
악기류	실로폰, 북, 리듬악기

이 외에도 놀이치료실에 배치되어야 할 기본적인 놀잇감에는 <표 XII-6>이 있다(이숙희·고인숙, 2003).

〈표 XII-6〉 놀이치료실의 기본적인 놀잇감

구분	종류
가족과 양육적 놀잇감	가족 인형, 인형집, 요람, 흔들의자, 담요, 젖병, 아기인형, 아기옷, 모래상자, 빈 음식 용기
위협적 놀잇감	뱀, 쥐, 괴물, 공룡, 벌레, 용, 악어, 늑대, 곰 등 인형 및 퍼펫
공격적 놀잇감	펀칭백, 다트총, 장난감총, 고무칼, 군인 인형, 고무방망이, 방패, 수갑
표현적 놀잇감	그림 그리기 도구, 찰흙, 연필, 가위, 색종이
상상을 위한 놀잇감	의사놀이세트, 요술지팡이, 풍선, 전화, 동물인형, 자동차, 비행기, 트럭, 모자, 보석, 핸드백

04 치료놀이의 개념 및 원리

　치료놀이는 성인이 주도적으로 아동과 신체적인 접촉을 통해 건강한 부모－자녀 간의 양상을 재발견하는 놀이방법으로서, 아동의 건강한 발달을 위해 안정된 애착관계를 형성하도록 돕고 성장과정에서 일어날 수 있는 발달상 문제에 대한 예방과 발달에 어려움이 있는 경우에 돕는 즐겁고 효과적인 방법이다(신유림 외, 2008). 이러한 치료놀이의 기본적인 원리는 구조, 도전, 개입, 양육 등 네 가지 차원으로 ＜표 XII－7＞과 같이 정리할 수 있다(김현자·이윤경·노희연·이영, 2009).

〈표 XII-7〉 치료놀이의 원리

구분	특징	전달메시지	대표 활동
구조	부모가 아동을 안전하게 양육하기 위해 공간을 구조화시키기 위한 규칙을 만들어 시간과 공간을 구조화하는 일	나와 함께 있으면 세상이 안전해	헝겊인형은 던질 수 있는 물건이고 유리컵은 던지면 안 되는 물건이라는 규칙
도전	고개를 들고 목을 가누며 앉으려 하고 사물을 잡으려는 행동은 새로운 것을 경험하고 탐색하려는 일	넌 할 수 있어	엄지손가락 팔씨름, 신문지 펀치
개입	부모가 자녀에게 다양한 방법으로 상호작용을 유도하는 일	다른 사람과 노는 것이 즐겁구나	까꿍놀이, 귓속말하기
양육	부모가 자녀에게 다양한 방법으로 자녀에 대한 사랑과 돌봄을 표현하는 일	너는 너무나도 사랑스럽고 소중한 아이야	먹여주기, 안아주기, 노래 불러주기, 로션 발라주기, 요람 흔들기

05 치료놀이의 특성

치료놀이에서 아동은 애착과 자아 존중감을 높이는 것을 가정하기 때문에, 놀이를 할 경우 성인의 숙련된 치료자가 주도권을 가지고 아동과의 놀이를 통한 자연스러운 신체 접촉을 하면서 부모-자녀 관계의 기본적인 양상을 재발견할 수 있다. 이러한 치료놀이의 특성은 관계성 발견시키기, 놀이 이용하기, 아동에게 개입하기, 성인이 책임지기 등 <표 XII-8>과 같이 요약할 수 있다 (Jernberg & Booth, 1999).

〈표 XII-8〉 치료놀이의 특성

구분	특징
관계성 발전시키기	• 아동의 건강한 발달과 행복에 영향을 미치는 부모와 아동 관계의 중요성 강조
놀이 이용하기	• 부모가 아동과 함께 즐기는 신체적이고 구체적인 놀이를 통해 아동에게 안정된 애착 형성 유도 • 아동 자신과 세상을 바라보는 관점에 많은 영향 미침
아동에게 개입하기	• 아동이 좋아하는 활동에 부모나 중요한 타인이 개입하는 일 • 치료놀이의 중요한 전략
성인이 책임지기	• 관계적 측면에서 아동에게 개입하는 목표를 달성하기 위해 성인이 활동 주도
아동의 충족되지 못한 퇴행적 욕구 만족시키기	• 아동의 퇴행적 욕구에 반응해 주는 것은 건강한 상호작용을 위한 정상적인 괘도를 다시 시작하기 위한 필수적인 단계
감정이입 발전시키기	• 상호작용적 활동을 통해 부모나 중요한 타인이 아동의 감정과 행동을 이해하고 이에 적합한 대응을 하도록 돕는 일
접촉 사용하기	• 부모와 아동 간 상호작용과 접촉을 통해 자신의 신체 및 신체의 가치에 대해 인식
신체감각 자극하기	• 아동이 부드럽게 행동하도록 유도함으로써 신체감각을 자극하여 아동이 수용할 수 있도록 상호작용하는 일
조절의 문제에 접근하기	• 아동이 자신의 활동 정도를 조정하도록 돕고 아동에게 필요한 규칙 및 위로 제공

06 치료놀이의 단계

치료놀이는 도입, 탐색, 불확실한 수용, 부정적 반응, 성장과 신뢰, 종결 등
<표 XII-9>와 같은 과정을 거친다(신유림 외, 2008).

〈표 XII-9〉 치료놀이의 단계

구분	특징
도입하기	• 치료자는 먼저 아동에게 접근하여 인사를 하고 자기 소개를 한 후 아동을 데리고 치료실로 입장
탐색하기	• 아동과 치료자가 서로를 알아가는 단계
불확실한 수용하기	• 아동은 놀이를 원하지만 불확실함과 불안이 포함되어 있음
부정적 반응하기	• 아동은 치료자의 친해지려는 노력에 저항
성장과 신뢰하기	• 다른 사람과 정상적으로 상호작용하는 경험에서 즐거움과 만족감을 느낌
종결하기	• 준비, 통보, 헤어짐의 과정

참 고 문 헌

고문숙·임영심·황정숙(2008). 어린이 놀이지도. 양서원.

고영실·부정민(2009). 부모의 놀이참여수준과 유아의 사회적 능력과의 관계. 한국가족복지학, 14(1), 95−112.

김광웅(1975). 유아교육 방법의 탐색. 한국행동과학연구소. 연구노트, 4(7), 57−58.

김병선·이윤옥(1998). 아동연구방법. 양서원.

김보현(1999). 2세 유아의 상상놀이에 관한 일 연구. 석사학위논문. 성신여자대학교 대학원.

김석우·최태진(2007). 교육연구방법론. 학지사.

김수영·김수임·김현아·정정희(2007). 놀이지도. 양서원.

김숙이(2008). 부모의 사회경제적인 위치가 유아들의 가상놀이 수행력 및 인지능력에 미치는 효과. 2008년 한국아동학회 춘계학술대회 포스터 발표 논문.

김아영(2000). 관찰연구법. 교육과학사.

김온기(1983). 유아의 상상놀이에 관한 일 연구. 석사학위논문. 이화여자대학교 교육대학원.

김용희(1991). 유아의 기질에 따른 놀이영역 선택 및 놀이형태: 4세아를 중심으로. 석사학위논문. 이화여자대학교 대학원.

김정준·김정화·신유림(2001). 유아에게 적합한 125가지 놀잇감. 창지사.

김현자·이윤경·노희연·이영(2009). 놀이지도. 동문사.

김형미(1998). 유아의 기질에 따른 실외놀이 형태. 석사학위논문. 이화여자대학교 대학원.

문현주(1996). 20−35개월 유아의 가상놀이 발달에 관한 연구. 박사학위논문. 숙명여자대학교 대학원.

박낭자·양승희·이순영·박해미·유지연(2008). 영유아를 위한 창의적 놀이 이론과 실제. 창지사.

박찬옥·정남미·임경애(2005). 유아놀이지도. 학문사.

신수경·지성애(2008). 놀이유형과 성별에 따른 유아의 사회적 행동 비교. 유아교육연구, 28(5), 223−245.

신유림 외(2008). 놀이지도. 창지사.

신은수(1997). 상호작용에 의한 유아교육 프로그램이 5세 유아의 놀이발달에 미치는 효과에 관한 연구. 유아교육연구, 17(1), 145－161.

우수경(2008). 유아의 성, 기질, 정서능력 및 사회적 능력이 놀이성에 미치는 영향. 미래유아교육학회지, 15(1), 259－280.

유미숙(2003). 놀이치료의 이론과 실제. 상조사.

유애열(1994). 유아의 상상놀이와 교사 개입에 관한 관찰 연구. 박사학위논문. 연세대학교 대학원.

윤애희(2008). 교사를 위한 유아놀이지도. 창지사.

이귀숙·이성한·하진희(2009). 놀이지도. 동문사.

이봉선(1998). 어린이집 실외 놀이터 질적 수준에 따른 유아의 놀이 행동 비교. 석사학위논문. 성신여자대학교 대학원.

이상금(1987). 한국유아교육의 본질. 사단법인 새세대육영회. 11.

이숙재(1987). 소꿉놀이의 활용 방안: 소꿉, 적목 영역에서의 자유놀이 운영. 제2회 회원을 위한 워크숍자료집.

이숙재(2001). 유아놀이활동. 창지사.

이숙재(2008). 유아를 위한 놀이의 이론과 실제(제3판). 창지사.

이숙희·고인숙(2003). 놀이치료: 아동세계의 이해. 서울: 교육아카데미.

이영자·이종숙·신은수·곽향림·이종욱(2001). 탐색 및 놀이활동 중심의 1, 2세 영아 프로그램의 개발 및 그 효과에 대한 연구. 유아교육연구, 21(2), 133－154.

이은해·이기숙(1983). 아동교육 프로그램 유형에 따른 효율성에 관한 연구. 교육학연구, 21(2), 84－104.

이정환·박은혜(1995). 교사들을 위한 유아관찰 워크북. 서울: 한국어린이육영회.

이종승(2009). 교육·심리·사회 연구방법론. 교육과학사.

이지현(1998). 놀이 환경에 대한 어린이의 환경 지각에 관한 연구. 석사학위논문. 서울대학교 환경대학원.

이채호·최인수(2008). 유아의 놀이와 기질 및 다중지능간의 관계. 아동학회지, 29(6), 121－133.

장휘숙·한건환(2005). 아동연구방법(제2판). 창지사.

전국재·우영숙(2008). 놀이로 여는 집단 상담 기법. 시그마프레스.

전남련·최진원·권경미(2007). 놀이지도. 학현사.

전풍자(1981), 놀이교육론. 유아교육연구, 3, 62.

정금자(2001). 유아 놀이 지도의 이론과 실제. 교육과학사.

정진·성원경(2007). 유아놀이지도 이론과 실제. 학지사.

조부경·장선화(1995). 유아의 장 독립성－장 의존성 인지양식에 따른 사회·인지적 놀이 형태에 관한 연구. 아동학회지, 16(1), 49－64.

조선민(2000). 기질에 따른 유아의 놀이 스타일에 관한 연구. 석사학위논문 성신여자대학교 대학원.

조안나(2009). 극놀이에서 유아의 성별과 놀이주제에 따른 언어 사용에 관한 연구. 미래유아교육학회지, 16(2), 415－441.

조정자(1994). 전쟁놀이에 대한 부모·교사·유아의 인식 및 놀이 양상. 박사학위논문. 이화여자대학교 대학원.

채종옥·이경화·김소양(2008). 유아와 놀이 이론과 실제. 양서원.

천혜경(1987). 유아의 인지양식과 놀이행동 간의 관계: 장 독립성－장 의존성 차원을 중심으로. 석사학위논문. 이화여자대학교 대학원.

최미숙(1992). 유아놀이행동에 관한 연구. 박사학위논문. 전남대학교 대학원.

최석란·이경희·이상화·서원경(2006). 놀이지도. 양서원.

황해익(2004). 아동 연구 방법. 정민사.

Axline, V. M.(1969). Play Theraphy. N. Y.: Ballantine Books..

Bartnett, L.(1990). Characterizing playfulness: Correlates with individual attributes and personal traits. Play and Culture, 4, 371－393.

Bergen, D.(1987). Play as a medium for learning and development: A handbook of theory and practice. Portsmouth, NH: Heinemann.

Bruenr, J. S., & Sherwood, V.(1976). Peekaboo and the learning of rule structures. In J. S. Bruenr, A. Jolly, & K. Sylva(Eds.), Play: Its role in development and evolution(pp. 277－285). New York: Basic Books.

Dunn, J., & Wooding, C.(1977). Play in the Home and Its Implication for

Learning. In B. Tizard and D. Harvey(Eds.), The Bilogy of Play. London: S. I. M. P./Heiemann Medical Books.

Erikson, E.(1950). Childhood and society. New York: Norton.

Frost, J., & Campbell, S.(1985). The effects of playground type on the cognitive and social play behavior of grade two children. When Children Play, 81－88.

Garvey, C.(1977). Play with language and speech. In S. Ervin－Tripp & C. Mitchell－kernan(Eds.), Child discourses. New York: Academic Press.

Griffing, P.(1983). Encouraging dramatic play in early childhood. Young Children, 38(4), 13－22.

Hetherington, E. M., Cox, M., & Cox, R.(1979). Play and Social Interaction in Children following Divorce, J. of Social Issues, 35, 26－49.

Hurlock, E. B.(1978). Child Development. New York: McGraw－Hill.

Isenberg, J., & Quisenberry, N.(1988). Play: A necessity for multicultural education, 64(3), 138－145.

Jernberg, J. P., & Booth, B.(1999). Theraplay: Helping parents and children build better relationship through attachment－based play(2nd ed.). San Francisco: Jossey－Bass.

Johnson, J. E. Ershler, J., & Bell, C.(1980). Play behavior in discovery－based and a formal education preschool program. Child development, 51, 271－274.

Johnson, J., Christie, J., & Yawkey, T.(1999). Play and early childhood development. Addison Wesley Longman, Inc.

Johnson, M. W.(1935). The effect on behavior of variation in the amount of play eqipment, Child Development, 6.

Levy, J.(1978). Play beavior. Nwe york: John wiley and Sons.

Lieberman, J.(1977). Playfulness: Its relationship to imagination and creativity. New York: Academic Press.

Majure, J.(1995). It's playtime. Arthritis Today, 9(1), 46－51.

Manosevitz, M., Prentice, N. M., & Wilson, F.(1973). Individual and Family

Correlates of Imaginary Companions in Preschool Children. Developmental Psychology, 8, 72－79.

Nelson, K. & Seidman, S.(1984). Playing with scripts. In I. Bretherton (Ed.), Symbolic play: The development of social understanding(pp.45－72). New York: Academic Press.

Peck, J. & Goldman, T.(1978). The behaviors of kindergarten under selected condictions of the physical and social environment. Paper presented at the meeting of the american educational research association, Toronto, Canada.

Pepler, D. J., & Ross, H. S.(1981). The effects of play on convergent and divergent problem solving. Child Development, 52, 1202－1210.

Piaget, J.(1962). Play, dreams, and imitation in childhood. New York: Norton.

Pulaski, M. A.(1973). Toys and Imaginative Play. In J. L. Singer(Ed.), The Child's World of Make－Believe(pp.74－103). New York: Academic Press.

Rubin, K. H., Fein, G. & Vandenberg, B.(1983). Play. In H. Mussen & E. M. Hetherington(Eds.), Caimichael's manual of child psychology: Social development. Nwe york: John Wiley and Sons.

Seefeldt, C.(1987). The Early Childhood curriculum: A Review of Current Research. New York & London: Teachers College, Columbia University.

Shapiro, S.(1975). Preschool ecology: A Study of three environmental Variables, Reading Improvement, 12, 236－241.

Sheehan, R. & Day, D.(1975). Is open space just empty space?. Day Care and Early Education, 3, 10－13.

Singer, J. L.(1973). The Child's World of Make－Believe. New York: Academic Press.

Smith, P. K. & Connolly, K. J.(1976). Social and aggressive behavior in preschool children as a function of crowding. Social Science Information, 16, 601－620.

Sutton－Smith, B.(1985). Origins and development process of play. In C.

Brown & A. Goggfried (Eds.), Play interactions: The role of toys and parental involvement in children's development (pp.61－66). Skillman, HJ: Jhonson & Johnson Baby Products.

Thomas, A., & Chess, S.(1977). Temperament and development. New York: Bruner/mazel.

Tizard, B., Philps, J., & Plewis, I.(1976). Play in preschool center: effects on play of the child's social class and of the educational orientation of the center. Journal of child psychology and psychiatry, 17, 265－274.

Truhon, S. A.(1982). Playfullness, play and creativity: A path－analytic model. Journal of Genetic Psychology, 143(1), 19－28.

Vander Ven, K.(1998). Play, proteus, and paradox: Education for a chaotic and supersymmetric world. In D. Fromberg & D. Bergen (Eds.). Play from birth to twelve and beyond: Contexts, perspectives, and meanings (pp.119－132). New York: Garland.

Vygotsky, L. S.(1978). Mind and society. Cambridge, MA: Harvard University Press.

Waite－Stupiansky, S.(1997). Building understanding together: A constructivist approach to early childhood education. Albany, New York: Delmar.

Wing, L.(1995). Play is not the work of the child: Young children's perceptions of work and play. Early Childhood Research Quarterly, 10(2), 223－247.

Wolf, D., & Grollman, S. H.(1982). Ways of Playing : Individual differences in Imaginative Style. In D. J. Pepler and K. H. Rubin(Eds.), The play of Children: Current Theory and Research (pp. 46－63). Basel, Switzerland: Karger, AG.

Wolfgang, C. H., & Sanders, T.(1982). Teacher's role: A construct for supporting the play of young children. Early Child Development and Care, 8, 107－120.

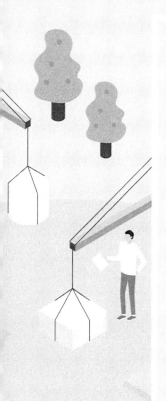

PART

02

영유아
놀이지도의
실제

1   주제극 및 역할놀이

01   난 토마토 절대 안 먹어!, 시장에 가면~

난 토마토 절대 안 먹어!

주제극

    활동목표

- 편식이 심한 유아에게 채소나 과일을 친근하게 접하게 하여 편식을 개선할 수 있도록 할 수 있다.
- 편식을 하는 유아들을 이해할 수 있다.

🍪 만 2~5세

🍪 천으로 만들어 얼굴에 쓰도록 만든 음식모형(토마토, 감자, 당근, 콩, 생선), 여자아이, 남자아이, 의자 등

☑ 도입활동

🍪 '토마토' 노래와 손유희로 주의 집중시킨다.

🍪 '토마토 절대 안 먹어'라는 동화책을 유아들에게 읽어준다.

🍪 음식모형의 탈을 쓴 유아들을 의자에 차례대로 앉힌다.

☑ 전개활동

🍪 오빠가 차려놓은 식탁에 민아가 와서 앉는다.

🍪 오빠가 음식을 먹이려고 하면 민아는 음식의 이름을 대면서 싫다고 한다. 하지만 이럴 때마다 오빠는 다른 특이한 이름을 말하면서 어떻게든 먹이려고 한다.

🍪 오빠가 음식의 특이한 이름을 말한 뒤에는, 해당하는 음식의 탈을 쓴 아이가 나와서 음식에 대해서 간단히 이야기를 한다('내 이름은 ○○이야~ 날 먹으로 몸이 튼튼해 질거야~'라는 식으로 말을 한다).

☑ 정리활동

🍪 민아가 마지막으로 토마토를 달라고 한다. 이때 오빠는 놀라면서 토마토를 주고, 민아는 웃으면서 이것은 '달치익 쏴악'이라고 말하며 끝을 낸다.

🍪 토마토모형의 옷을 입은 유아와 다른 음식 옷을 입을 유아들이 다 같

이 나와서 '토마토'노래를 부르며 율동을 한다.

⊛ 음식모형을 입은 유아가 나왔을 때는 유아의 말에 경청하여 주어야 하며, 민아 역할을 맡은 유아가 음식이 싫다면서 밀지 않도록 하여야 한다.
⊛ 다른 유아들이 앞에 나가서 주제극을 하는 동안 다른 유아들은 친구들이 잘 할 수 있도록 주의를 기울여 집중하여야 한다.

참고사항

⊛ 유아들이 역할을 정할 때 서로 싸우지 않도록 적절히 배분하여야 한다.
⊛ 음식의 이름은 최대한 특이하고, 유아들이 좋아할 만한 단어들을 사용하는 것이 좋다.

활동 장면 및 결과물

시장에 가면~

역할놀이

✓ 활동목표

- ⊗ 물건과 생활용품을 사고, 팔아봄으로써 경제능력을 키울 수 있다.
- ⊗ 물건에 따라 사는 곳이 다르다는 것을 알 수 있다.
- ⊗ 돈에 대한 개념을 알 수 있다.

✓ 활동수준

- ⊗ 만 2~3세

✓ 준비물

- ⊗ 교사: 가게별 팻말, 종이돈, 지갑(종이로 만든 지갑), 사진기
- ⊗ 유아 – 장바구니, 종이돈, 지갑(유아들이 만든 지갑), 팔아볼 물건, 쿠폰

활동 및 지도 방법

✓ 도입활동

- ⊗ '시장에 가면~ ○○도 있고~ ○○도 있고~'라는 노래와 손유희로 주의를 집중시킨다.
- ⊗ 유아들이 가져온 물건들을 보며 이야기를 나눈다.
- ⊗ 장바구니와 지갑을 가지고 시장에 물건을 사러 가본다.

✓ 전개활동

- ⊗ 유아들이 사고 싶은 물건의 쿠폰을 사서 물건을 사러가도록 한다.
- ⊗ 유아들이 자신이 원하는 가게로 가서 물건을 팔아보고, 손님인 유아

들은 사고 싶은 물건을 파는 가게로 가서 물건을 사본다.

◎ 가게주인과 손님을 서로 바꿔가면서 한다(유아끼리 가게주인과 손님을 바꿀 때에는 가게에 남은 물건들을 함께 새로 정리하여서 물건을 팔 수 있도록 한다).

☑ 정리활동

◎ 물건을 다 사고 난 뒤에는 다 함께 구입한 물건이 무엇인지 본다.

◎ 어느 가게에서 어떤 물건을 샀는지 구별해 본다.

◎ 집으로 돌아가서 부모님과 함께 시장에 가서 실제로 물건을 사보도록 한다.

✎ 유의사항

◎ 물건을 살 때 어느 한 물건에 집착하여 많이 사지 않도록 주의하여야 한다. 또한 물건 하나를 가지고 다투는 경우도 있기 때문에 유아들끼리 마찰이 생기지 않도록 주의를 기울여야 한다.

◎ 물건을 팔 때 음식의 경우에는 위생에 철저히 관심을 기울여야 하며, 유아들이 쿠폰에 맞는 물건을 살 수 있도록 하여야 한다.

✎ 참고사항

◎ 유아들이 익숙해지면 쿠폰대신 돈으로 물건을 사도록 해볼 수 있다.

◎ 장난감의 경우 친구들이 가져온 다른 물건들과 물물교환을 할 수 있다.

02 헨델과 그레텔 주제극, 병원놀이

헨델과 그레텔 주제극

주제극 및 역할놀이

☑ **활동목표**
- 이야기의 내용과 흐름을 파악할 수 있다.
- 극놀이에 필요한 것을 미리 생각해보고 의논할 수 있다.

☑ **활동수준**
- 만 5세

☑ **준비물**
- 부직포, 도화지, 우드락, 옷가지 등, 가위, 과자성

활동 및 지도 방법

☑ **도입활동**
- 헨델과 그레텔 동화를 들려준다.
- 동화를 듣고 난 후 동화내용을 회상해본다.
- 극놀이를 하려면 어떤 준비물이 필요한지 소품, 분장, 배경 등을 의논한다.

☑ **전개활동**
- 이야기 속 등장인물들의 역할을 정한다.

◎ 무대와 구경하는 장소를 구한다.

◎ 역할을 맡은 어린이는 준비된 소품으로 분장한다.

◎ 유아들이 맡은 역할을 확인하고, 관객이 된 유아는 잘 관람하고 극놀이에 참여하는 유아는 열심히 할 수 있도록 격려해준다.

◎ 극놀이를 시작하고, 교사는 관찰하면서 필요할 때 적절하게 개입한다.

☑ 정리활동

◎ 극놀이가 끝나면 극놀이에 참여했던 유아와 관객이 되었던 유아들이 자리에 모여 앉는다.

◎ 극놀이를 하면서 느낀 점에 대해서 이야기 나눈다.

🖉 유의사항

◎ 소품을 사용하지 않고, 행동과 언어로만 표현하게 하거나 유아가 필요한 소품을 직접 만들어서 사용하도록 지도한다.

🖉 활동 장면 및 결과물

병원놀이

☑ 활동목표

- ▶ 병원에서 일하는 사람들에 관심을 가진다.
- ▶ 병원에서 하는 일을 이해한다.

☑ 활동수준

- ▶ 만 5세

☑ 준비물

- ▶ 의사, 간호사 가운(아빠의 와이셔츠로 개조), 주사기, 체온기, 청진기, 반사경, 마스크, 혈압계, 반창고, 핀셋, 빈 약병, 약봉지

✎ 활동 및 지도 방법

☑ 도입활동

- ▶ 1. 아파서 병원을 가게 된 당나귀의 이야기를 들려준다(당나귀가 아파서 간 곳은 어디인가?).

☑ 전개활동

- ▶ 놀이를 계획한다.
  1. 병원상호(00병원)를 정하고 진료실, 주사실 등 표지판을 준비한다.
  2. 병원놀이에 필요한 준비물을 알아보고 준비한다.
- ▶ 역할을 정한다(의사, 간호사, 환자, 보호자).
  1. 환자는 보호자와 함께 병원에 간다.
  2. 간호사에게 의료보험카드나 진찰권을 내고 순서를 기다린다.

3. 간호사가 부르면 진찰실에 들어가 의사에게 증상을 이야기한다.

4. 의사는 진찰을 하면서 증상을 묻는다.

5. 진료 후 치료를 받고 주사를 맞는다.

6. 간호사가 부르면 처방전을 받아 약국으로 간다.

☑ 정리활동

◈ 이제 병원놀이를 하면서 느낀 점들을 이야기해 보도록 한다.

✐ 유의사항

◈ 병원놀이 기구 중 주사바늘 등 위험한 요소는 없애고, 깨끗이 씻어 소독하여 사용하도록 한다.

◈ 주사기로 사용하는 사물은 지나치게 뾰족하지 않도록 유의한다.

✐ 활동 장면 및 결과물

03 병원놀이, 무당벌레 자기방어 역할극

 병원놀이

주제극 및 역할놀이

☑ 활동목표
- ❯❯ 병원의 종류와 기능, 병원에서 지켜야 할 것들을 놀이를 통해 경험한다.
- ❯❯ 자신의 의견을 말하고 친구들의 의견을 듣는 경험도 충분히 가진다.

☑ 활동수준
- ❯❯ 만 5세(1수준)

☑ 준비물
- ❯❯ 교사: 병원놀이도구, 의료보험카드, 처방전, 간호사모자, 반사경, 병원 간판, 알약, 물약, 약봉투 등
- ❯❯ 유아: 의사가운(아빠 와이셔츠), 필기도구, 처방전, 의료보험카드 등

✎ 활동 및 지도 방법

☑ 도입활동
- ❯❯ 병원을 다녀온 경험을 이야기한다.
- ❯❯ 어떤 종류의 병원이 있는지 알아본다.
- ❯❯ '병원놀이'노래를 불러본다.

☑ **전개활동**

 ◎ 소아과, 치과, 산부인과, 이비인후과, 안과, 정형외과의 의사와 간호사,
   환자, 약사의 역할을 정한 후 각자의 위치로 가서 환자를 맞이한다.

 ◎ 환자는 의료보험카드를 제시하고, 의사는 환자를 진료한 후, 주사나
   약물을 처방하여 처방전을 전달한다.

 ◎ 환자는 주사실에 가거나, 처방전을 들고 약국으로 가서 약사에게 약
   을 처방받는다.

☑ **정리활동**

 ◎ 놀이를 마치며 유아들과 함께 병원놀이에 대해 이야기 나누고, 병원
   의 기능과 병원에서 지켜야 할 올바른 태도에 대해 이야기해본다.

유의사항

 ◎ 유아들이 주도적으로 활동에 참여하도록 교사가 너무 간섭하지 않는
   다. 활동 전환이 어려워 어디로 가야할 지 모르는 유아는 교사가 안내
   자의 역할을 한다.

 ◎ 아빠 와이셔츠를 준비해 오지 못한 유아가 상처 받지 않도록 교사가
   미리 파악하여 준비하도록 한다.

 ◎ 의사만 하고 싶다고 간호사 역할과 바꾸지 않는 유아로 인해 다툼이
   일어나지 않도록 재빨리 중재한다.

참고사항

 ◎ 약물 오남용으로 인한 피해를 줄이기 위해 동영상을 보며 주의하도록
   한다.

무당벌레 자기방어 역할극

주제극 및 역할놀이

☑ **활동목표**

- 관찰을 통해 무당벌레의 생태를 알 수 있다.
- 역할에 맞는 적절한 언어를 구사할 수 있다.

☑ **활동수준**

- 만 3세(1수준)

☑ **준비물**

- 교사: 무당벌레의 한 살이에 관한 과학책, PPT 자료, 역할극 자료(무당벌레 본, 숲 속 배경판, 부직포, 까슬이 보슬이, 새날개, 음향효과 등)
- 유아: 자기가 만든 무당벌레 머리띠, 여러 가지 악기를 담당할 음향팀

✎ **활동 및 지도 방법**

☑ **도입활동**

- 무당벌레와 관하여 다섯고개 퀴즈를 낸다.
- PPT 자료를 보면서 무당벌레의 생김새 및 자기방어 방법을 알아본다.
- 관련된 책을 통하여 더 자세히 무당벌레 생태를 관찰한다.

☑ **전개활동**

- 무당벌레를 공격하는 여러 종류의 새, 무당벌레 여러 마리 등 역할을 정한다.
- 무당벌레가 숲 속에서 먹이를 먹고 있다가 공중에서 새가 날아오는 것을 보고 몸을 숨겨 자기방어하는 모습을 연출한다. 이때 음향팀의

효과음으로 긴장을 고조시킨다.

☑ 정리활동

⊙ 자기가 담당한 역할 및 자기 이름을 소개함으로써 역할극을 마친다.

✎ 유의사항

⊙ 머리띠를 만들기 위해 무당벌레를 꾸밀 때, 가위질이 힘든 유아에겐 교사가 미리 준비한 무당벌레 본을 주어 꾸미기 시간에 너무 많은 시간이 소요되지 않도록 원활하게 진행한다.

✎ 참고사항

⊙ 무당벌레와 관련된 동화책을 읽고 난 다음 극을 꾸며 놀이해 볼 수도 있다.

✎ 활동 장면 및 결과물

04 병원놀이, 시장놀이

병원놀이

역할놀이

☑ **활동목표**

➤ 병원에서 일하는 사람들에 관심을 갖는다.

➤ 병원에서 하는 일을 이해한다.

➤ 주어진 역할을 적절하게 잘 수행한다.

☑ **활동수준**

➤ 만 6세(1수준)

☑ **준비물**

➤ 교사: 학생명단(모둠편성명단), 약봉지, 의료보험증, 빈 약병 등...

➤ 학생: 의사나 간호사 가운(아빠의 와이셔츠로 개조), 주사기, 체온기, 청진기, 반사경, 마크, 혈압계, 반창고, 핀셋 등...

✎ **활동 및 지도 방법**

☑ **도입활동**

➤ 역할놀이 소개를 한다.

• 교사: 아프면 어디로 가야하니?

➤ 유아들이 많이 가는 병원종류로 정한다.

➤ 병원놀이 방법에 대해 이야기를 나눈다.

    ⊛ 의사, 간호사, 약사, 접수요원, 환자의 역할에 대해 이야기 나눈다.

☑ 전개활동

    ⊛ 역할을 알아보고 정한다.

    ⊛ 교사와 유아가 같이 정해진 과를 준비한다.

    ⊛ 유아가 맡은 역할을 해보고 바꾸어 해본다.

☑ 정리활동

    ⊛ 역할 후 이야기 나누기를 한다.

       • 병원놀이에서 모두 역할을 해보았나요?

       • 의사, 간호사, 환자는 인사를 바르게 하였나요?

       • 대기실에서 환자나 보호자는 조용히 기다렸나요?

       • 모두들 차례를 지키면서 활동을 하였나요?

✎ 유의사항

    ⊛ 필요 이상의 노출을 하지 않도록 조심스럽게 지도한다.

    ⊛ 주사기로 사용하는 사물은 지나치게 뾰족하지 않도록 유의한다.

✎ 참고사항

    ⊛ 역할방에 놀이준비를 해두고 유아들이 다시 해볼 수 있도록 해준다.

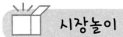
시장놀이

역할놀이

✅ **활동목표**

▶ 시장놀이를 통하여 물건의 유통과정과 물건을 사고 팔 때의 인사예절을 안다.

✅ **활동수준**

▶ 만 7세(2수준)

✅ **준비물**

▶ 교사: 학생명단(모둠편성명단), 가짜 돈, 인사말카드, 역할 띠, 과일칼
▶ 학생: 가게 이름표시판, 시장바구니, 가게 물건들

활동 및 지도 방법

✅ **도입활동**

▶ 역할놀이를 소개한다.
▶ 시장에 가서 보았던 것을 이야기해본다.
  • 시장이 어떤 곳이며 시장에서 무엇을 샀는지~
▶ 물건을 사면서 어떤 말을 하였는지 이야기해본다.
▶ 물건을 살 때 어떻게 해야 하며 물건 파는 아주머니는 어떤 말을 하였는지 알아본다.

☑ 전개활동

- ◎ 역할을 알아본다.
  - 물건 파는 사람(주인), 물건 사는 사람(손님)
- ◎ 가게를 4~5개 정도 차린다(과일, 생선, 장난감, 과자, 신발 가게 등...).
- ◎ 직접 주인과 손님이 되어 역할을 해본다.
- ◎ 과일이나 과자를 산 유아는 간식으로 먹도록 한다.
- ◎ 역할을 바꾸고 싶을 때는 손님 또는 가게주인과 의논하여 역할을 바꾸어 보도록 한다.

☑ 정리활동

- ◎ 역할 후 이야기 나누기를 한다.
  - 역할놀이는 재미있었나요? 적절한 인사는 누가 바르게 하였지요?
  - 어떤 점이 좋았나요? 어떤 점이 좋지 않았나요? 어떻게 하면 더 재미있게 할 수 있을까요?

유의사항

- ◎ 과일 칼은 유아의 손이 닿지 않게 조심한다.
- ◎ 물건을 구입하기 전에 품목을 적어 계획적인 소비를 할 수 있게 한다.

참고사항

- ◎ 역할방에서 다시 해볼 수 있도록 자료를 준비해둔다.

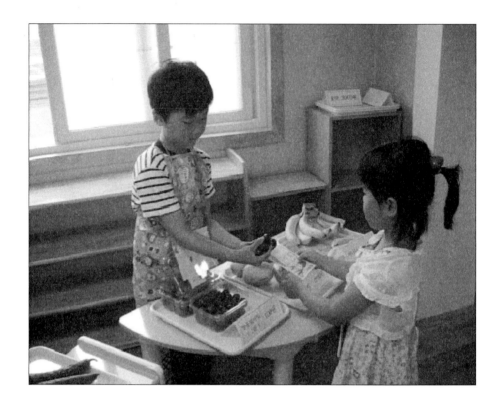

05 시장놀이해요, 송편을 만들어요

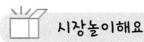

시장놀이해요

역할놀이

☑ **활동목표**

- 여러 가지 시장에서 파는 물건을 이용하여 장사꾼, 손님의 역할을 흉내 내본다.
- 시장에서의 물건을 파고 사는 경험을 또래와 함께 놀이해본다.

☑ **활동수준**

- 만 3세(1수준)

☑ **준비물**

- 과일모형, 식품모형, 과자봉지, 시장바구니, 지폐(모형), 앞치마

활동 및 지도 방법

☑ **도입활동**

- 유아들에게 먼저 흥미를 갖게 한다.
- 시장에는 어떤 가게가 있는지, 무엇을 파는지 생각해 보고 이야기 나눈다.
- 물건을 살 때 가게 주인과 손님 간에 어떤 의사소통을 나누는지 이야기 나눈다.

☑ 전개활동

» 물건을 파는 사람과 사는 사람 역할을 정한다.
» 시장놀이 소품들을 이용하여 물건을 파는 사람, 손님의 흉내를 내본다.

"어서오세요. 무엇이 필요한가요?"

"계란 2개 주세요. 얼마예요?"

"네. 500원이에요, 여기 있어요." "감사합니다, 많이 파세요."

☑ 정리활동

» 어떤 물건을 사 왔는지, 그 물건으로 무엇을 할 건지 같이 이야기 해 본다.
» 물건을 사거나 팔면서 느낌 감정들을 이야기 나누어본다.

유의사항

» 시장놀이의 배역은 교사가 미리 정하기보다 유아들이 반응하는 것에 따라 결정하도록 한다.
» 무엇을 파는 가게인지 유아 스스로가 정할 수 있도록 유도하고 그에 따른 구체적인 사물을 교사는 미리 마련해 놓도록 한다.

참고사항

» 현장견학으로 시장에 가서 어떤 가게들이 있는지 직접 관찰하고, 또 물건을 사보는 경험을 가져본다.
» 유아끼리 역할을 바꿔서 놀이해본다.

송편을 만들어요

☑ **활동목표**

　⊙ 밀가루 반죽으로 음식모형을 만들어본다.

　⊙ 우리나라의 음식 문화에 대하여 알아본다.

☑ **활동수준**

　⊙ 만 3세(2수준)

☑ **준비물**

　⊙ 밀가루 반죽, 접시, 찜통, 그릇, 양념

활동 및 지도 방법

☑ **도입활동**

　⊙ 유아들에게 먼저 흥미를 갖게 한다.

　⊙ 밀가루 반죽을 보여주고 유아가 관심을 가지면 상호작용한다.

　⊙ 송편에 대해 알려준다.

　　"추석에 먹는 떡을 무엇이라고 하는지 아니?"

　　"송편을 만들어본 적이 있니?"

☑ **전개활동**

　⊙ 송편을 만드는 방법에 대하여 알려준다. 직접 만드는 시범을 보여준다.

　⊙ 송편을 유아와 직접 만든다.

☑ 정리활동

◎ 송편을 모두 만들고 어떤 행사를 할지 알아본다.

"송편을 만들어서 어디로 가지고 가면 좋을까?"

"산소에도 가고, 친척집에도 가고 손님께도 드리면 좋겠구나"

◎ 유아들과 빚은 밀가루 송편 모양을 비교해 본다.

유의사항

◎ 우리 명절에 대해 유아가 잘 모를 수도 있다. 언어적 상호작용 시 경험을 질문하여 유아가 알고 있는 지식의 수준에 따라 활동을 진행한다.

참고사항

◎ 친척집에 인사하러 가는 활동과 연계하여 확장할 수 있다.

◎ 한복을 입고 추석에 절하는 예절활동을 해볼 수 있다.

활동 장면 및 결과물

CHAPTER

2 신체 및 운동놀이

01 재활용품 비석 치기, 내 몸을 이용하여 길이 재보기

재활용품 비석 치기

신체 및 운동놀이

☑ **활동목표**

　　❯ 폐품을 재활용하는 경험을 가질 수 있다.

　　❯ 재생할 수 있는 재활용품에 대해 알 수 있다.

☑ **활동수준**

　　❯ 만 5세(1수준)

☑ **준비물**

　　❯ 교사: 재활용품(알루미늄 캔, 우유 곽, 신문지 등), 그림카드, 그림 담는 통, 콩 주머니, 호루라기, 점수판

활동 및 지도 방법

☑ 도입활동

- ◉ 유아들에게 먼저 흥미를 갖게 한다.
- ◉ 재활용의 개념을 간단히 설명해주고 재활용의 장점을 이야기 해준다.
- ◉ 재활용의 경험에 대해 서로 발표해본다.

☑ 전개활동

- ◉ 그림카드를 보여주며 재활용되는 물건들에 대해 이야기한다.
- ◉ 게임의 방법과 규칙에 대해 이야기하고, 이에 따라 게임을 한다.

☑ 정리활동

- ◉ 게임을 하고 난 후 느낌이나 생각에 대해 발표해본다.
- ◉ 재활용으로 쓰일 수 있는 물건에 대해 더 알아보고 확장활동으로 이어간다.

유의사항

- ◉ 유아가 서로 부딪쳐 다치지 않도록 한다.
- ◉ 게임 규칙을 쉽게 설명하고, 정확히 지킬 수 있도록 지도한다.

참고사항

- ◉ 알루미늄 캔의 경우 상처를 입을 수 있으니 교재 준비 시 꼼꼼히 체크한다.
- ◉ 확장활동으로 가정 내에서 재활용품 만들기를 하거나, 집에서 부모님과 함께 분리수거를 해 보는 것으로 연계활동을 지도한다.

내 몸을 이용하여 길이 재보기

신체 및 운동놀이

☑ **활동목표**

　❷ 길이의 측정에 관한 어휘를 사용하여 말할 수 있다.

　❷ 임의의 측정 단위를 이용하여 사물을 측정할 수 있다.

☑ **활동수준**

　❷ 만 5세(2수준)

☑ **준비물**

　❷ 교사: 교실에서 볼 수 있는 물건들, 줄자 등 측정도구

✎ **활동 및 지도 방법**

☑ **도입활동**

　❷ 유아들에게 먼저 흥미를 갖게 한다.

　❷ 키의 크기를 잴 수 있는 방법에 대해 알아본다.

　❷ 친구들과 함께 서로 팔과 다리의 길이를 재어본다.

☑ **전개활동**

　❷ 임의의 측정도구로 키를 잴 수 있는 방법에 대해 이야기를 나눈다.

　❷ 신체 부위를 이용하여 길이를 측정해본다.

☑ **정리활동**

　❷ 측정한 결과를 함께 이야기한다.

⊙ 신체 측정 시 친구와 다투지 않게 주의한다.

⊙ 측정하는 기준을 정확히 지키고 측정하도록 지도한다.

참고사항

⊙ '자'나 '저울' 등의 측정도구를 과학영역에 두어 차후 관찰할 수 있도록 한다.

⊙ 매달 친구들의 키나 몸무게를 재면서 측정용어에 대해 숙지시켜준다.

활동 장면 및 결과물

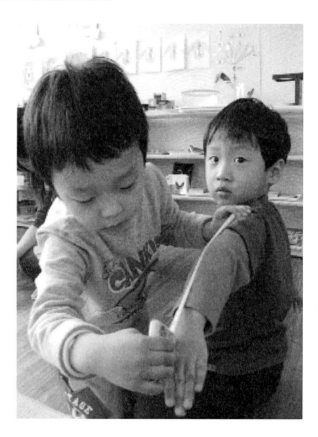

동물 그림자카드 찾기, 단추 던지기

동물 그림자카드 찾기

신체 및 운동놀이

☑ **활동목표**

- 직접관찰 또는 탐구력을 기를 수 있다.
- 기억력을 돕는다.

☑ **활동수준**

- 만 6세(1수준)

☑ **준비물**

- 교사: 각종 동물모양 그림자카드
- 학생: 각종 동물의 사진 스크랩

활동 및 지도 방법

☑ **도입활동**

- 유아들에게 먼저 동물에 대해 흥미를 유발시킨다.
- 여러 가지 동물의 종류를 조사시킨다.
- 여러 가지 동물의 종류와 그에 필요한 자료를 찾을 수 있는 기회를 준다.

☑ **전개활동**

　⦿ 유아들이 좋아하는 동물에 대해 이야기하게 한다.

　⦿ 인터넷 검색을 통해 동물을 알아보게 한다.

☑ **정리활동**

　⦿ 유아들이 할 수 있는 체험학습(동물원 견학)을 직접 해보도록 한다.

유의사항

　⦿ 그림자카드의 그림이 누가 봐도 어떤 동물인지 잘 알아 볼 수 있어야
　　하며 여의치 않을 경우 수수께끼 등을 내어 아동의 흥미를 유발시킨다.

참고사항

　⦿ 유아가 놀이에 익숙해지면 짝꿍과 함께 놀이를 할 수 있도록 유도할
　　수 있다.

활동 장면 및 결과물

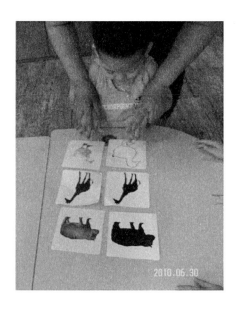

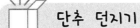
단추 던지기

신체 및 운동놀이

☑ 활동목표

⊛ 직접관찰 또는 탐구력을 기를 수 있다.

⊛ 눈으로 가늠하여 길이를 잴 수 있다.

☑ 활동수준

⊛ 만 5세

☑ 준비물

⊛ 교사: 각 모양별 단추(큰 것으로 준비)

⊛ 학생: 운동복, 운동화

활동 및 지도 방법

☑ 도입활동

⊛ 길이를 잴 수 있는 물건에 대해 이야기해본다.

⊛ 길이를 잴 수 있는 물건이 없을 때 다른 무엇으로 대체할 수 있을지 이야기해본다.

☑ 전개활동

⊛ 단추 던지기 게임을 한다.

⊛ 길이를 재는 물건이 없을 때는 각 신체 부분으로도 가늠해볼 수 있음을 이야기한다.

☑ 정리활동

⊛ 다른 나라에서 사용하는 야드나 인치 같은 신체부분을 단위로 계산했다는 이야기를 해준다.

⊛ 다른 단위에 대해서도 알아보고 여러 가지 단위가 있다는 것을 알려준다.

유의사항

⊛ 유아들이 길이를 잴 때 밑만 보고 가다가 다치는 일이 없도록 유의한다.

⊛ 각자의 신체의 길이가 다르므로 한 가지 기준을 제시해주어야 한다.

참고사항

⊛ 유아가 놀이에 익숙해지면 길이를 잴 수 있는 다른 사물들을 제시해준다.

활동 장면 및 결과물

03 얼음땡놀이, 쥐와 고양이놀이

얼음땡놀이

신체 및 운동놀이

✓ **활동목표**
- 건강에 필요한 체력을 기른다.
- 협동심을 기른다.

✓ **활동수준**
- 만 6세(1수준)

✓ **준비물**
- 교사: 학생명단, 호루라기

활동 및 지도 방법

✓ **도입활동**
- 인사를 한다.

✓ **전개활동**
- 먼저 술래를 정한다.
- 술래가 정해지면 호루라기 소리에 맞춰 술래에게 잡히지 않도록 도망
  간다.

◎ 술래가 다가오면 "얼음"이라고 외치며 움직이지 않는다.

◎ 다른 친구가 터치하며 "땡"이라고 해주면 술래를 피해 도망간다.

◎ 술래에게 잡히면 놀이가 끝난다.

☑ 정리활동

◎ 서로 놀이할 때의 느낌을 이야기한다.

◎ 옷의 먼지를 털고 손을 씻는다.

 유의사항

◎ 학생들은 신체활동이 단순한 야외의 놀이가 아니라 학습의 연장임을 인식하고 놀이를 통해서 협동심을 기를 수 있음을 인식하게 한다.

유의사항 참고사항

◎ 유아가 놀이에 익숙해지면 술래의 수를 두 명으로 늘린다.

활동 장면 및 결과물

쥐와 고양이놀이

신체 및 운동놀이

☑ **활동목표**

  ◎ 건강에 필요한 체력을 기른다.
  ◎ 협동심을 기른다.

☑ **활동수준**

  ◎ 만 7세(2수준)

☑ **준비물**

  ◎ 교사: 학생명단, 호루라기

활동 및 지도 방법

☑ **도입활동**

  ◎ 인사를 한다.

☑ **전개활동**

  ◎ 먼저 쥐(1명)와 고양이(2명)를 정한다.
  ◎ 나머지는 모두 원을 만들어 손을 잡고 쥐를 보호한다.
  ◎ 쥐가 원안에 있을 때 고양이를 안으로 들어오지 못하도록 하고, 고양이가 안으로 들어와 쥐가 위험해지면 쥐를 밖으로 내보내고 고양이를 안에 가둔다.
  ◎ 쥐가 고양이에게 잡히면 놀이가 끝난다.

⊙ 서로 놀이할 때의 느낌을 이야기한다.
⊙ 옷의 먼지를 털고 손을 씻는다.

유의사항

⊙ 학생들은 신체활동이 단순한 야외의 놀이가 아니라 학습의 연장임을 인식하고 놀이를 통해서 협동심을 기를 수 있음을 인식하게 한다.

참고사항

⊙ 고양이를 한 명으로 할 수도 있으나 모두(원) 쥐를 도와주기 때문에 두 명으로 하는 것이 더 재미 있다.

활동 장면 및 결과물

04 그림자놀이, 사자와 토끼놀이

그림자놀이

신체 및 운동놀이

☑ **활동목표**
- ◎ 속도, 무게, 힘의 세기를 다르게 하여 움직임을 반대로 흉내 낼 수 있다.

☑ **활동수준**
- ◎ 만 2세(1수준)

☑ **준비물**
- ◎ 교사: 녹음기, 음악테이프나 CD, 사진기

활동 및 지도 방법

☑ **도입활동**
- ◎ 그림자놀이를 해 본 경험에 대해 이야기한다.

☑ **전개활동**
- ◎ 그룹별로 한사람의 움직임을 따라해본다.
- ◎ 실제의 사람과 그림자가 마주 보기도 하고 그림자가 실제의 사람 옆이나 뒤에 서기도 해본다.
- ◎ 방향, 놀이, 무게를 반대로 흉내 내어본다.

◈ 1, 2박자씩 시간차를 두고 흉내 내어본다.

☑ 정리활동

◈ 표현하고자 하는 사람이나 사물을 잘 표현하였는지 이야기한다.

유의사항

◈ 누구나 한번씩 자신의 생각이나 느낌을 구체적으로 표현할 기회를 준다.

활동 장면 및 결과물

사자와 토끼놀이

신체 및 운동놀이

☑ **활동목표**
> 달리기를 이용하여 게임을 할 수 있다.

☑ **활동수준**
> 만 3세(2수준)

☑ **준비물**
> 교사: 사자, 토끼, 거북이, 호랑이 가면, 사진기

활동 및 지도 방법

☑ **도입활동**
> 여러 가지 동물의 달리는 모습에 대해 이야기해본다.
> 게임 규칙을 설명하고 게임을 시작하게 한다.

☑ **전개활동**
> 사자가 토끼를 잡으면 사자가 이기는 게임
> 토끼가 결승점에 먼저 도착하면 토끼가 이긴다.

> 호랑이: 어슬렁어슬렁 걷는다.
> 토끼: 깡충깡충 뛴다
> 거북이: 엉금엉금 긴다.

- 사자는 출발 후 살금살금 걷거나 느리게 달린다.
- 토끼는 눈을 감고 앉아 있는다.
- 사자가 근처에 도착하면 주변의 토끼가 '사자다!' 하고 소리친다.
- 소리를 듣고 토끼가 도망친다.
- 사자와 역할을 바꾸어 한다.

☑ 정리활동

» 사자와 토끼가 빨리 달릴 수 있는 팔다리의 움직임에 대해 이야기한다.

✎ 유의사항

» 동물은 앞발은 앞발끼리 뒷발은 뒷발끼리 동시에 움직여야 빨리 갈 수 있다.

✎ 참고사항

» 비슷한 신체 운동놀이를 만들어 해보아도 좋다.

✎ 활동 장면 및 결과물

05 줄을 이용한 놀이, 낙하산놀이

줄을 이용한 놀이

신체 및 운동놀이

☑ **활동목표**

- 몸의 균형을 잡을 수 있다. 줄을 이용하여 스트레칭을 할 수 있다.
- 줄을 이용하여 성장운동, 키 크기 운동을 할 수 있다.

☑ **활동수준**

- 만 3세(1수준)

☑ **준비물**

- 교사: 모둠편성명단, 여러 가지의 줄, 디지털 카메라
- 학생: 체육복 차림의 복장 준비

활동 및 지도 방법

☑ **도입활동**

- 유아들에게 먼저 흥미를 갖게 한다.
- 줄의 종류도 매우 다양한 종류가 있다는 걸 알려준다.

☑ **전개활동**

- 유아들이 좋아하는 줄의 종류를 이야기해보게 한다.

◎ 줄을 이용하여 할 수 있는 놀이로, 긴 줄서서 걷기, 굽은 줄서서 걷기, 긴줄에 균형잡아서 걷기, 토끼처럼 뛰어 줄을 좌우로 넘기 등을 하게 한다.

☑ 정리활동

◎ 유아들이 할 수 있는 길이의 긴 줄을 늘어뜨려서 균형잡아 걷게 한다.
◎ 유아들이 줄을 손으로 잡아 보기도하고, 발로 밟아보도록 한다.
◎ 유아들이 줄을 이용하여 폴짝 폴짝 뛰어보게 한다.

유의사항

◎ 유아들이 줄을 이용한 놀이를 할 때 규칙을 정해서 한 줄로 서서 차례를 지키도록 한다.
◎ 다양한 색상의 줄을 준비한다.

참고사항

◎ 유아들은 기다리는 것을 싫어하므로 교사는 줄을 여러 개 준비한다.

활동 장면 및 결과물

낙하산놀이

신체 및 운동놀이

☑ **활동목표**

- ❱ 직접 관찰하여 탐구력을 기를 수 있다.
- ❱ 여러 가지 색깔에 대해 알 수 있다.

☑ **활동수준**

- ❱ 만 3세(1수준)

☑ **준비물**

- ❱ 교사: 여러개의 낙하산 모둠편성 유아 명단, 디지털 카메라
- ❱ 학생: 체육복 차림의 복장준비

✎ **활동 및 지도 방법**

☑ **도입활동**

- ❱ 유아들에게 먼저 흥미를 갖게 한다.
- ❱ 낙하산의 색깔을 얘기해보라고 한다.

☑ **전개활동**

- ❱ 낙하산을 여러 명이 합동하여 위에서 아래로 낙하산을 펴보게 한다.
- ❱ 낙하산을 여러 명이 합동하여 양쪽 끝을 잡고 강강술래처럼 오른쪽으로 돌게 한다.

☑ **정리활동**

- ❱ 유아들이 바람을 이용해서 할 수 있는 것을 해보라고 한다.

◑ 유아들이 낙하산놀이를 통해 다양한 놀이를 전개할 수 있다.

◑ 여러 명의 유아들이 동시에 활용할 수 있는 협동놀이이다.

유의사항

◑ 여러 명의 유아들이 하는 놀이이므로 서로 협동할 수 있도록 한다.

◑ 여러 명의 유아들이 같이 하는 활동이므로 혼자 다른 것은 하지 않도록 하며 같이 할 수 있도록 한다.

참고사항

◑ 여러 명의 유아들이 같이 협동하는 놀이이므로 서로 협력하여 할 수 있도록 한다.

활동 장면 및 결과물

CHAPTER

3   쌓기놀이

01 하나씩 하나씩 순서대로, 내가 살고 싶은 집

하나씩 하나씩 순서대로

쌓기놀이

 활동목표

> ◎ 순서를 익히고 질서를 배울 수 있다.
> ◎ 넘어뜨리지 않기 위해 집중력을 기를 수 있다.

☑ **활동수준**

> ◎ 만 6세(1수준)

☑ **준비물**

> ◎ 교사: 학생명단, 현장체험활동 보고서, 사진기, 블록
> ◎ 학생: 필기도구

✓ **도입활동**

- » 흥미를 가질 수 있도록 블록을 모두 검은 가방 안에 두고 소리를 낸다.
- » 친구들과 함께 어떤 소리인지 맞추어본다.
- » 다함께 블록을 탐색하며 블록의 특징에 대해 이야기 나눈다.

✓ **전개활동**

- » 게임의 규칙을 친구들과 하나씩 정한다.
- » 순서대로 나와 규칙에 맞게 쌓기놀이를 한다.
- » 블록을 순서대로 쌓고 넘어지는 순간의 놀이 참여자가 진다.

✓ **정리활동**

- » 블록을 제자리에 정리 정돈한다.
- » 물건을 함부로 다루지 않고 주변을 정리 정돈한다.
- » 활동 보고서를 작성한다.

✎ **유의사항**

- » 순서를 잘 지키고 스스로 정한 규칙을 잘 지키도록 한다.
- » 물건의 소중함을 알고 모든 물건을 소중하게 다룰 수 있도록 한다.

✎ **참고사항**

- » 놀이규칙을 더 늘리거나 높이쌓기놀이를 할 수 있다.

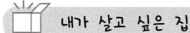
내가 살고 싶은 집

쌓기놀이

☑ **활동목표**

» 관찰력을 기를 수 있고 표현력을 늘릴 수 있다.

☑ **활동수준**

» 만 8세(2수준)

☑ **준비물**

» 교사: 학생명단, 현장체험활동 보고서, 사진기, 블록, 건축물 사진
» 학생: 필기도구, 그리기도구

✎ **활동 및 지도 방법**

☑ **도입활동**

» 건축물의 소중함에 대해 이야기 나눈다.
» 여러 모양의 특이한 건축물을 보여주며 흥미를 갖도록 한다.
» 자신이 살고 싶은 건물에 대해 이야기 나눈다.

☑ **전개활동**

» 자신이 살고 싶은 건물을 그려본다.
» 블록을 가지고 자신이 살고 싶은 건물을 만들어본다.

☑ **정리활동**

» 자신이 살고 싶은 집의 그림을 소개한다.
» 블록으로 만든 자신의 집을 그림과 함께 어떤 곳인지 설명한다.

◈ 블록을 제자리에 정리정돈한다.

유의사항

◈ 블록을 소중히 다루고 정리정돈을 잘 하도록 한다.
◈ 여러 가지 도구를 이용할 때 유의점을 설명해 주도록 한다.

참고사항

◈ 집이 너무 거대해지면 일부분을 표현하도록 한다.
◈ 자유롭게 상상력을 키울 수 있도록 한다.

활동 장면 및 결과물

02 종이벽돌블럭놀이, 카프라집 만들기

 종이벽돌블럭놀이

쌓기놀이

☑ **활동목표**

    ◉ 대소근육을 조절하여 블록을 쌓고, 자신의 키와 비교해 본다.
      (신체운동>신체조절과 기본운동>신체 균형감 기르기)

☑ **활동수준**

    ◉ 만 1~2세

☑ **준비물**

    ◉ 교사: 종이벽돌

✎ **활동 및 지도 방법**

☑ **도입활동**

    ◉ 영아들이 종이벽돌을 가지고 늘어놓거나 쌓기를 하여 놀이할 때 활동
      을 진행한다.

☑ **전개활동**

    ◉ 교사가 종이벽돌을 3단 정도 쌓고 영아들이 하나씩 쌓아보도록 유도
      한다.

◎ 교사와 함께 종이블럭을 번갈아 가며 쌓아보고 영아의 키만큼 쌓도록 함께 놀이한다.

◎ 높이 쌓은 종이블록 옆에 영아를 세워 키와 비교해 보도록 한다.

☑ 정리활동

◎ 영아 스스로 블록을 쌓으면서 키를 재어 볼 수 있도록 돕는다.

✎ 유의사항

◎ 놀잇감 수를 충분하게 제공하여 영아들 간의 마찰을 줄인다.

✎ 참고사항

◎ 영아가 종이블럭이 익숙해지면 다른 블럭의 종류를 줘서 활동을 해본다.

✎ 활동 장면 및 결과물

카프라집 만들기

쌓기놀이

☑ **활동목표**

　　⊛ 대소근육을 조절하여 블록을 쌓고, 자신의 키와 비교해 본다.
　　　(신체운동>신체조절과 기본운동>신체 균형감 기르기)

☑ **활동수준**

　　⊛ 만 3~4세

☑ **준비물**

　　⊛ 교사: 카프라

✎ **활동 및 지도 방법**

☑ **도입활동**

　　⊛ 유아들이 흥미를 가질 수 있도록 카프라를 펼쳐 놓는다.

☑ **전개활동**

　　⊛ 카프라로 만든 모양의 집을 보여주며 집중시킨다.
　　⊛ 교사가 간단하게 만든 집의 형태를 보여준다.

☑ **정리활동**

　　⊛ 유아들이 스스로 집의 모양을 만들 수 있도록 교사가 도와준다.

◈ 여러 친구들이 함께 할 수 있도록 교사가 도와준다.
◈ 놀잇감 수를 충분하게 제공하여 유아들 간의 마찰을 줄인다.

참고사항

◈ 유아들이 카프라로 집모양의 흥미를 가지면, 또 다른 모양의 활동을
할 수 있도록 도와준다.
◈ 다른 종류의 블록들을 주어 활동할 수 있게 도와준다.

활동 장면 및 결과물

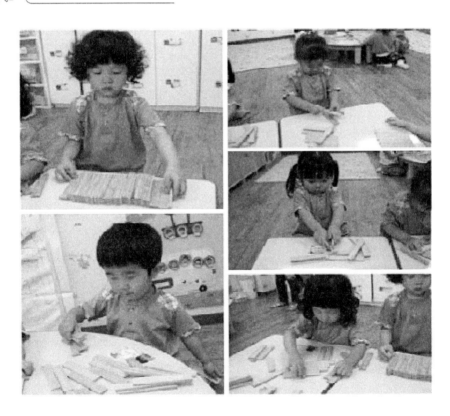

03 비행기 만들기, 건축물 쌓기

 비행기 만들기

쌓기놀이

☑ 활동목표

　◎ 관찰력과 창의력을 기를 수 있다.
　◎ 기억력을 돕는다.

☑ 활동수준

　◎ 만 6세(1수준)

☑ 준비물

　◎ 교사: 학생명단(모둠편성명단), 모형비행기, 여러가지 비행기 그림(슬라이드 자료), 가베, 폴라로이드 사진기(모둠별)
　◎ 학생: 조사자료 기록지(보고서), 필기도구

✎ 활동 및 지도 방법

☑ 도입활동

　◎ 유아들에게 먼저 모형비행기를 보여주며 흥미를 갖게 한다.
　◎ 여러 나라의 비행기를 보여주며 이야기 나눈다.
　◎ 여러가지 비행기를 찾아볼 수 있는 기회를 준다.

☑ 전개활동

⊗ 자신이 좋아하는 비행기를 찾아 이야기하게 한다.

⊗ 유아들이 좋아하는 비행기를 가베를 이용하여 만들어 보도록 한다.

☑ 정리활동

⊗ 자신이 만든 비행기에 대해 이야기 나눈다.

⊗ 다른 유아들이 만든 비행기를 감상한다.

⊗ 유아들이 만든 비행기를 사진기로 찍어 작품 전시회를 연다.

유의사항

⊗ 우리나라 문화재와 조형물, 시설물 등을 함부로 만지거나 훼손하지 않도록 한다.

⊗ 비공개, 출입금지 지역에는 들어가지 않는 등 학생으로서의 품위와 바른 태도를 보여야 한다.

참고사항

⊗ 창의성을 발휘하여 여러 가지 모양의 비행기를 만들어 볼 수 있도록 한다.

활동 장면 및 결과물

건축물 쌓기

쌓기놀이

☑ 활동목표

- ❯ 관찰력과 창의력을 기를 수 있다.
- ❯ 기억력을 돕는다.

☑ 활동수준

- ❯ 만 7세(2수준)

☑ 준비물

- ❯ 교사: 학생명단(모둠편성명단), 여러 나라 건축물 그림(슬라이드 자료), 블록(카프라 등), 폴라로이드 사진기(모둠별)
- ❯ 학생: 조사자료 기록지(보고서), 필기도구

✎ 활동 및 지도 방법

☑ 도입활동

- ❯ 유아들에게 먼저 우리나라의 건축물인 남대문을 보여주며 흥미를 갖게 한다.
- ❯ 다른 나라의 건축물을 보여주며 이야기 나눈다.
- ❯ 여러 가지 건축물을 찾아볼 수 있는 기회를 준다.

☑ 전개활동

- ❯ 자신이 좋아하는 건축물을 찾아 발표할 수 있는 기회를 준다.
- ❯ 유아들이 좋아하는 건축물을 카프라를 이용하여 직접 만들어 보도록 한다.

☑ 정리활동

⊗ 자신들이 만든 건축물에 대해 이야기 나눈다.

⊗ 다른 유아들이 만든 건축물을 감상한다.

⊗ 유아들이 만든 건축물을 사진기로 찍어 작품 전시회를 연다.

✎ 유의사항

⊗ 우리나라 문화재와 조형물, 시설물 등을 함부로 만지거나 훼손하지 않도록 한다.

⊗ 비공개, 출입금지 지역에는 들어가지 않는 등 학생으로서의 품위와 바른 태도를 보여야 한다.

✎ 참고사항

⊗ 한 가지 블록이 아닌 다른 여러 가지 블록을 이용하여 건축물을 만들어 볼 수 있도록 한다.

✎ 활동 장면 및 결과물

동물원 만들기

쌓기놀이

☑ **활동목표**

◎ 동물들의 특징을 알고, 동물 흉내 내기를 할 수 있다.

◎ 블록놀이를 통해 대근육과 소근육을 발달시킬 수 있다.

☑ **활동수준**

◎ 만 3세(2수준)

☑ **준비물**

◎ 교사: 동물도안, 색칠도구(색연필, 사인펜, 크레파스), 십자블록, 벽돌블록 등

활동 및 지도 방법

☑ **도입활동**

◎ 유아들에게 자신이 좋아하는 동물에 대해 물어본다.

◎ 자신이 좋아하는 동물의 움직임과 소리를 흉내 내어본다.

◎ 자신이 좋아하는 동물도안을 예쁘게 꾸민 후 머리띠로 만든다.

☑ **전개활동**

⊘ "어떤 동물원이 좋을까?" 이야기 나누어본다(튼튼한 정도, 높이 등).
⊘ 여러 가지 블록을 이용하여 동물원을 만들어본다.

☑ **정리활동**

⊘ 유아들은 자신이 만든 동물원에 직접 들어가 동물원놀이를 해본다.
⊘ 블록을 종류별로 제자리에 정리한다.

유의사항

⊘ 블록을 던지거나, 입에 넣지 않도록 주의시킨다.
⊘ 블록을 너무 높게 쌓아 블록이 쓰러지거나 동물들이 동물원 안에 들어가지 못하는 일이 없도록 유아들에게 미리 알려준다.
⊘ 도입활동에 있는 동물도안 꾸미기에 오랜 시간이 걸리지 않도록 교사가 적절히 조절한다.

참고사항

⊘ 유아들이 쌓기놀이에 익숙해지면 다양한 블록을 제공해준다.
⊘ 역할놀이로 확장하여 수업할 수 있다.

동물도안 - 첨부자료

여러 가지 탈 것에 대해 알아보아요(교통수단)

쌓기놀이

☑ 활동목표

    ⊚ 여러 가지 탈 것의 종류에 대해 말할 수 있다.

    ⊚ 블록놀이를 통해 사회성과 협동심을 기를 수 있다.

☑ 활동수준

    ⊚ 만 4세(1수준)

☑ 준비물

    ⊚ 교사: 여러 가지 탈 것의 그림자료 및 모형, 카프라, 벽돌블록 등

✎ 활동 및 지도 방법

☑ 도입활동

    ⊚ 유아들은 자신들이 알고 있는 탈 것에 대해 이야기해본다.

    ⊚ 탈 것들을 이용해 봤을 때의 경험에 대해 이야기해본다.

    ⊚ 그림자료를 보며 다양한 탈 것에 대해 알아본다.

☑ 전개활동

    ⊚ 블록놀이 시 주의사항을 알려준다.

    ⊚ 또래들과 협동하여 블록 쌓기를 한다.

☑ 정리활동

    ⊚ 유아들이 블록 안으로 들어가 모형을 가지고 놀이를 한다.

    ⊚ 블록을 종류별로 제자리에 정리한다.

✏️ 유의사항

⊗ 블록을 친구에게 던지거나 친구가 만든 구조물을 부수지 않도록 주의
   시킨다.
⊗ 교사는 유아들이 모두 관심을 가지고 참여할 수 있도록 유도한다.

✏️ 참고사항

⊗ 교사는 유아들이 공간, 면적, 길이, 균형 등에 대해 생각해 볼 수 있
   도록 조언을 해줄 수 있어야 한다.
⊗ 추후 미술활동을 통해 여러 가지 탈 것을 만들어 볼 수 있다.

✏️ 그림자료 - 여러 가지 탈 것

05 내 키만큼 쌓기, 주변 건축물 사진을 보며 블록으로 쌓기

 내 키만큼 쌓기

쌓기놀이

☑ 활동목표

》 블록을 일정한 모양으로 쌓을 수 있다.

》 크고 작음을 비교할 수 있다.

☑ 활동수준

》 만 3세(1수준)

☑ 준비물

》 크기가 일정한 나무 블록(카프라)

✎ 활동 및 지도 방법

☑ 도입활동

》 유아들과 함께(통통통) 손유희하며 주의 집중시킨다.

》 키에 대해 설명하고 키는 어디서부터 어디까지 재는지 이야기해본다.

》 키 재기를 할 때 블록의 종류와 블록을 어떻게 사용할 수 있을지 이야기해본다.

✔ 전개활동

⊗ 쌓기 놀이영역의 나무블록을 이용하여 친구의 키만큼 블록을 쌓아본다.

⊗ 쌓은 블록 옆에 서서 블록의 높이를 자기 키와 비교해본다.

✔ 정리활동

⊗ 우리 반에서 누가 키가 제일 큰지, 작은지 이야기해본다.

⊗ 유아들이 키 재기 놀이하는 주변에 그래프를 붙여주어 자기 키를 스스로 표시할 수 있게 한다.

유의사항

⊗ 넓은 공간이 필요하고, 시끄럽고 활동적인 영역이므로 소음을 줄이기 위해 카펫을 깔아 놓고 활동한다.

⊗ 블록 형태 그림을 교구장에 붙여서 쌓기 놀이감을 보관할 때 형태와 크기를 한눈에 알아볼 수 있게 스스로 정리할 수 있도록 아이들에게 지도한다.

참고사항

⊗ 리본을 이용하여 아이들의 키를 잰 후 벽면에 그래프로 그려 서로 비교할 수 있다.

⊗ 집에 가서 가족들의 키와 나의 키를 비교해 보도록 한다.

주변 건축물 사진을 보며 블록으로 쌓기

쌓기놀이

☑ 활동목표

　　◎ 시각적 변별력을 발달시킨다.

　　◎ 여러 나라의 건축물의 형태, 특징을 알 수 있다.

☑ 활동수준

　　◎ 만 4세(2수준)

☑ 준비물

　　◎ 2~5비가베, 건축물 사진

🖋 **활동 및 지도 방법**

☑ 도입활동

　　◎ 여러 나라의 유명한 건축물에 대해서 이야기해본다.

　　◎ 유아가 잘 알고 있고 관심 있어하는 건축물의 사진을 보여준다.

　　◎ 사진을 보고 건축물의 특징에 대해 이야기 해본다.

☑ 전개활동

　　◎ 건축물에 맞는 블록의 종류를 선택하고 필요한 소품에 대해 이야기
　　　한다.

　　◎ 블록영역에서 준비한 소품과 블록을 이용해 건물을 만든다.

☑ 정리활동

　　◎ 완성된 건축물을 감상한다.

⚱ 다른 친구들이 만든 건축물을 보고 비교하며 차이점에 대해 이야기해 본다.
⚱ 유아가 재현한 건물을 사진을 찍어 원래의 사진과 나란히 전시해준다.

✎ 유의사항

⚱ 교사의 생각대로 앞서 나가지 말고 유아가 블록을 자신의 방법대로 놀이하도록 기회를 준다.
⚱ 특별한 주제와 연결지어 활동을 계획하는 것도 좋지만 블록을 기본 재료로 구비하여 유아들이 원할 때 놀이할 수 있는 환경을 만들어 주는 것이 좋다.

✎ 참고사항

⚱ 유아의 수준에 따라 건축물의 복잡성을 달리해준다.
⚱ 좀더 다양한 건축물 사진을 제시해 줄 수 있다.

✎ 활동 장면 및 결과물

* '런던타워 브릿지' 사진 자료

4 조작놀이

01 구슬꿰기, 퍼즐놀이

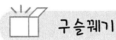

구 슬 꿰 기

조작놀이

☑ **활동목표**

- ❱ 도형의 기본구성인 구, 정육면체의 모양에 대해서 알 수 있다.
- ❱ 눈과 손의 협응을 통한 소근육 발달을 돕는다.
- ❱ 색과 모양에 의한 패턴의 원리를 이해한다.
- ❱ 미적 감각의 발달을 돕는다.
- ❱ 수의 개념을 알 수 있다.

☑ **활동수준**

- ❱ 만 2세(1수준)

>> 교사: 구, 정육면체구슬, 줄 2개, 스카치테이프, 사진기

✎ 활동 및 지도 방법

✓ 도입활동

>> 유아들에게 먼저 흥미를 갖게 한다.

>> 구, 정육면체의 구슬을 모두 주어 탐색하게 한다.

>> 모양별, 색깔별로도 구분해본다.

>> 스스로 구슬을 꿸 수 있는 방법을 모색해보도록 한다.

✓ 전개활동

>> 유아들이 모색한 구슬꿰는 방법을 서로 이야기해보게 한다.

>> 스스로 터득한 방법으로 구슬을 꿰어본다.

>> 모양별로 엮어본다.

>> 색깔별로 엮어본다.

>> 모양별, 색깔별 규칙을 두고 엮어본다.
(구 → 정육면체 → 구 → 정육면체순, 빨강 → 주황 → 노랑 → 초록 → 파랑순)

>> 끈이 잘 꿰어지지 않을 때 끈의 끝부분을 스카치테이프로 붙여서 꿰어본다.

>> 완성된 구슬로 목걸이, 가방 등을 만들어본다.

✓ 정리활동

>> 구슬로 만든 목걸이 가방을 직접 목에 걸어보고, 가방도 어깨에 걸쳐본다.

>> 엮어진 구슬로 뱀의 모형도 만들어본다.

>> 꿰어진 구슬에서 끈을 뺀 다음 다른 모형을 연개하여 만들어본다.

>> 기차, 징검다리 등을 만들어보며 정리정돈하고 마무리한다.

유의사항

» 스스로 탐색하고 만들어보도록 하되, 힘들어 하는 부분에서는 약간의
   도움을 제공한다.
» 구슬을 임의로 던지지 않도록 지도한다.
» 친구의 것을 뺏지 않도록 지도한다.

 참고사항

» 모양 및 색깔별 수량을 점차 늘려본다.
» 개인의 놀이에서 협동놀이로 발전시켜본다.

 활동 장면 및 결과물

퍼즐놀이

☑ 활동목표

- ≫ 직접관찰 또는 탐구력을 기를 수 있다.
- ≫ 기억력을 돕는다.
- ≫ 모양별 색깔별 연관성을 알아본다.

☑ 활동수준

- ≫ 만 3세(2수준)

☑ 준비물

- ≫ 교사: 퍼즐, 카드, 사진기

활동 및 지도 방법

☑ 도입활동

- ≫ 유아들에게 먼저 흥미를 갖게 한다.
- ≫ 전체적인 퍼즐그림과 카드의 모양을 보여준다.
- ≫ 퍼즐과 카드의 공통점을 설명한다.

☑ 전개활동

- ≫ 어린이, 곰, 나무를 주제로 4계절의 변화를 나타낸 그림카드를 하나씩 보여준다.
- ≫ 한 장 한 장의 카드를 보여주면서 그림의 내용을 충분히 익힌다.
- ≫ 판의 모양과 색깔과의 연계성을 인지할 수 있도록 한다.
- ≫ 도움을 주어 퍼즐을 맞춰보도록 한다.

◎ 4계절의 순환과 특징에 대하여 이야기한다.

◎ 손과 눈의 협응력을 키우고, 사계절에 대한 올바른 개념형성과 어휘력, 문장력이 발달될 수 있다.

☑ 정리활동

◎ 완성한 퍼즐을 자세히 확인한 후 내용을 이해하고 혼자서 활동을 해보도록 한다.

◎ 연관된 카드와 퍼즐모양을 맞춰보도록 한다.

✎ 유의사항

◎ 스스로 탐색해볼 수 있는 충분한 시간을 준다.

◎ 시간을 재촉하지 않는다.

✎ 참고사항

◎ 유아가 놀이에 익숙해지면 퍼즐의 수를 점차 늘려본다.

◎ 놀이에 익숙해지면 도움카드를 없애고, 퍼즐을 맞춰보도록 한다.

✎ 활동 장면 및 결과물

02 생활용품 뚜껑 맞추기, 조각 맞추기

 생활용품 뚜껑 맞추기

조작놀이

☑ **활동목표**
- ❱ 손에 힘을 길러 준다.
- ❱ 열고 닫고 하는 걸 알 수 있다.

☑ **활동수준**
- ❱ 만 2세(1수준)

☑ **준비물**
- ❱ 교사: 사진기(모둠별), 학생명단(모둠편성명단)
- ❱ 학생: 냄비, 빈 화장품, 다 쓴 PT병

✎ **활동 및 지도 방법**

☑ **도입활동**
- ❱ 유아들에게 먼저 흥미를 갖게 한다.
- ❱ 같은 모양의 뚜껑과 그 뚜껑의 들어가는 크기가 같은지 알아본다.

☑ **전개활동**
- ❱ 뚜껑을 열고 닫는다.

◎ 일상 생활에서 볼 수 있는 뚜껑을 찾아본다.

☑ 정리활동

◎ 유아들이 뚜껑을 닫는 것을 직접 해보도록 한다.
◎ 일상 생활에서 볼 수 있는 뚜껑을 말하게 해본다.

유의사항

◎ 손이 다치지 않게 주의한다.
◎ 내용물은 다 빼서 쓴다.

참고사항

◎ 유아가 놀이에 익숙해지면 뚜껑의 종류를 늘려가며 찾아 보라고 한다.
◎ 여러 가지 뚜껑을 찾아 볼 수 있다.

활동 장면 및 결과물

조각 맞추기

조작놀이

☑ 활동목표

- ≫ 눈과 손의 협응력을 기를 수 있다.
- ≫ 규칙을 알고 새로운 규칙을 만들 수 있다.

☑ 활동수준

- ≫ 만 3세(1수준)

☑ 준비물

- ≫ 교사: 학생명단(모둠편성명단), 사진기(모둠별), 그림카드

🖋 활동 및 지도 방법

☑ 도입활동

- ≫ 유아들에게 먼저 흥미를 갖게 한다.
- ≫ 유아들에게 그림을 보여준다.
- ≫ 각 그림을 맞춰 보도록 한다.

☑ 전개활동

- ≫ 유아들이 좋아하는 그림을 맞추어본다.
- ≫ 그 그림으로 만들 수 있는 모양을 보여준다.

☑ 정리활동

- ≫ 유아들이 맞출 수 있는 모양을 직접 만들어 보게 한다.
- ≫ 그림을 맞추고 그에 대해 알아본다.

유의사항

◎ 종이에 베이지 않게 주의한다.
◎ 너무 어려운 모양은 시키지 않는다.

 참고사항

◎ 점차 난이도가 있는 모양으로 바꿔간다.
◎ 모양을 만들 수 있다.

활동 장면 및 결과물

03 애벌레야 옷 입자, 빨주노초파남보 예쁜 무지개

애벌레야 옷 입자

조작놀이

☑ **활동목표**
- ❷ 다양한 감각의 애벌레 옷을 탐색해 볼 수 있다.
- ❷ 애벌레에게 옷을 입혀 봄으로써 눈과 손의 협응력을 발달시킬 수 있다.

☑ **활동수준**
- ❷ 만 2세(1수준)

☑ **준비물**
- ❷ 애벌레 사진, 애벌레교구, 다양한 천으로 만든 옷

활동 및 지도 방법

☑ **도입활동**
- ❷ 애벌레 사진을 제시하여 영아들의 흥미를 유도한다.
- ❷ 애벌레에 대해 함께 알아본다.

☑ **전개활동**
- ❷ 애벌레 교구를 제시한다.

◉ 애벌레와 애벌레 옷을 탐색한다.

◉ 옷을 입혀준 후 단추, 똑딱이 단추를 잠궈보고, 지퍼를 올려본다.

✔ 정리활동

◉ 다양한 천의 재질을 만져봄으로 천의 느낌을 이야기해본다.

◉ 옷 입히기를 통해 기본생활 습관과 연계하여 옷을 입어본다.

✎ 유의사항

◉ 애벌레교구를 입에 물지 않도록 한다.

✎ 참고사항

◉ 애벌레에 대해 알아보면서 성장 과정을 알려준다.

✎ 활동 장면 및 결과물

 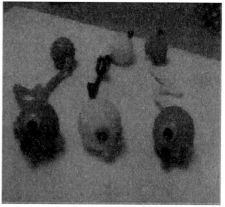

빨주노초파남보 예쁜 무지개

조작놀이

☑ **활동목표**

- ⊙ 무지개에 어떤 색깔이 있는지 알아본다.
- ⊙ 무지개의 크기에 따라 나열해보며 크고 작음을 알 수 있다.

☑ **활동수준**

- ⊙ 만 3세(2수준)

☑ **준비물**

- ⊙ 색종이, 빨주노초파남보 무지개 교구, 무지개 색칠 그림자료

활동 및 지도 방법

☑ **도입활동**

- ⊙ 무지개 색 색종이를 제시하여 탐색한다.
- ⊙ 색종이의 색깔을 알아보고 무엇이 생각나는지 말해본다.

☑ **전개활동**

- ⊙ 무지개 교구를 제시한다.
- ⊙ 낱개의 무지개 교구를 탐색한다.
- ⊙ 무지개의 색깔과 크기에 맞추어 교구를 배열한다.

☑ **정리활동**

- ⊙ 빨주노초파남보 무지개그림을 색칠해본다.

❂ 무지개 색을 강조하여 유아들만의 독창적인 사고를 막지 않도록 한다.

참고사항

❂ 우리 주변에서 무지개 색을 찾아본다.
❂ 나만의 무지개를 만들어본다.

활동 장면 및 결과물

04 알교구, 바우픽스

알교구

조작놀이

☑ 활동목표

❯ 두뇌를 발달시키고 창조성을 기른다.

❯ 집중력을 높인다.

☑ 활동수준

❯ 만 3세(1수준)

☑ 준비물

❯ 교사: 알교구(알 모양 도안, 우드락, 라벨지, 칼, 새 모양 그림자료)

❯ 학생: 알교구, 유성매직 또는 색칠도구

활동 및 지도 방법

☑ 도입활동

❯ 라벨지에 알 모양 그림을 출력해서 우드락 위에 붙인다.

❯ 칼로 조각조각 자른다. 무늬를 알록달록 꾸며준다.

❯ 새 모양으로 조립된 그림을 준비한다.

전개활동

>> 자료를 보고 조각을 새 모양으로 맞추어보는 활동을 한다.
>> 새의 완성된 자료를 보여준다.

☑ 정리활동

>> 알모양으로 다시 만들어본다.
>> 도형의 모양에 대해 생각해본다.

유의사항

>> 유아 수준에 맞게 시간을 정해서 흥미를 돋게 한다.

참고사항

>> 유아가 놀이에 익숙해지면 점차 다른 모양을 만들어본다.
>> 다양한 도형 모양을 생각해본다.

활동 장면 및 결과물

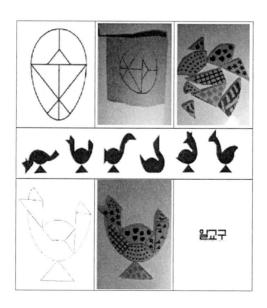

바우픽스

☑ 활동목표

- ◈ 손의 활동을 통해 두뇌를 자극하여 신체 및 감각활동에 도움을 준다.
- ◈ 과학적 사고 향상을 돕는다.

☑ 활동수준

- ◈ 만 4세(2수준)

☑ 준비물

- ◈ 교사: 바우픽스 사진기(모둠별)
- ◈ 학생: 바우픽스(볼트, 너트, 판넬, 프레임, 나사, 나사머리, 타이어, 와셔, 캠, 기어(고리와 줄, 핸들, 망치 등))

✎ 활동 및 지도 방법

☑ 도입활동

- ◈ 유아들에게 먼저 다양한 형태와 사이즈 부품으로 학습적 흥미를 불러일으킨다.
- ◈ 바우픽스를 가지고 여러 가지 만들 수 있는 것들을 생각해보게 한다.

☑ 전개활동

- ◈ 볼트와 너트 빔 여러 가지 부품으로 각자 작품을 만들어본다.
- ◈ 원하는 작품을 위해 해체했다 조립했다 반복해서 만들어본다.

◈ 완성된 작품을 제목을 붙이고 설명하게 한다.
◈ 완성된 작품을 사진 찍는다.

유의사항

◈ 볼트와 너트의 힘 조절의 어려움이 있을 시 선생님의 도움을 받아 의논한다.
◈ 처음부터 너무 복잡하고 어려운 작품을 선택하지 않도록 한다.

참고사항

◈ 유아가 놀이에 익숙해지면 점차 많은 부품을 가지고 합동으로 만들 수 있는 조별활동을 해본다.
◈ 주변의 사물을 깊게 관찰하고 바우픽스를 이용해 주변의 다양한 사물을 만드는 과정을 통해서 창의성이 발달한다.

활동 장면 및 결과물

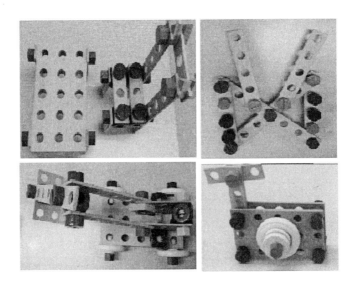

05 구슬꿰기, 동물퍼즐 맞추기

구슬꿰기

조작놀이

☑ 활동목표

  ◈ 구슬꿰기를 통해 소근육 발달, 집중력 증진 및 눈과 손의 협응력을 기른다.
  ◈ 기본 색깔을 알고 간단한 패턴을 익히며 원기둥 구 정육면체의 형태를 인지한다.

☑ 활동수준

  ◈ 만 2세(2수준)

☑ 준비물

  ◈ 교사: 3가지 형태의 나무 구슬, 면끈

활동 및 지도 방법

☑ 도입활동

  ◈ 유아들에게 먼저 흥미를 갖게 한다.
  ◈ 구슬의 종류와 크기, 색깔을 알아본다.
  ◈ 끈의 종류와 길이를 찾을 수 있는 기회를 준다.

　　⊗ 구슬과 끈을 바구니에 담아 제시해주고, 영아가 구슬과 끈에 관심을 보이면 충분히 탐색하도록 한다.

　　⊗ 구슬의 한쪽 끝에서 구멍에 줄을 넣어 다른 쪽으로 잡아당겨 구슬을 끼우는 방법을 보여준 후 영아가 구슬을 끼울 수 있도록 도와준다.

☑ 정리활동

　　⊗ 구슬을 이용해서 유아들이 할수 있는 활동을 직접 해보도록 한다.

　　⊗ 구슬과 관련된 그림을 찾은 뒤 이야기해본다.

　　⊗ 영아가 끼운 구슬을 탐색하며 영아의 활동을 칭찬하고 마무리한다.

유의사항

　　⊗ 구슬을 입에 넣지 않도록 주의한다.

　　⊗ 구슬을 잃어버리기 쉬우므로 구슬을 담을 수 있는 통을 제공해야 한다.

참고사항

　　⊗ 유아가 놀이에 익숙해지면 구슬의 개수를 점차 늘려간다.

　　⊗ 여러 가지 구슬꿰기놀이를 실시할 수도 있다.

활동 장면 및 결과물

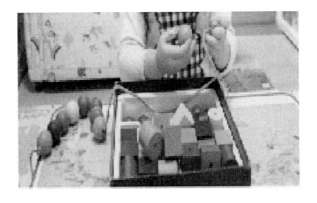

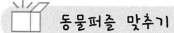
동물퍼즐 맞추기

조작놀이

✅ 활동목표

    ❯❯ 동물에 대해 관심을 가지고 눈과 손의 협응력을 기를 수 있다.

    ❯❯ 기억력을 돕는다.

✅ 활동수준

    ❯❯ 만 1세(1수준)

✅ 준비물

    ❯❯ 교사: 동물퍼즐

✎ 활동 및 지도 방법

✅ 도입활동

    ❯❯ 동물퍼즐을 보여주며 탐색하는 시간을 가진다.

    ❯❯ 동물의 종류와 이름을 알아본다.

    ❯❯ 유아들이 좋아하는 동물을 찾을 수 있는 기회를 준다.

✅ 전개활동

    ❯❯ 퍼즐 안에 있는 동물의 이름을 한번씩 따라 말할 수 있게 한다.

    ❯❯ 동물퍼즐을 꺼내 넣고 같은 동물을 찾아 끼워 보게 한다.

✅ 정리활동

    ❯❯ 여러번 반복된 활동으로 퍼즐조각을 뺀 모양을 보고 어떤 동물인지 맞춰 보도록 한다.

◎ 여러 가지 동물 그림을 그린 후 감상해본다.

✐ 유의사항

◎ 동물퍼즐을 입에 넣지 않도록 조심시킨다.
◎ 퍼즐을 가지고 놀이할 때의 주의사항을 이야기해준다.

✐ 참고사항

◎ 퍼즐 맞추기는 일반적으로 15~30쪽까지도 가능하나 개인에 따라 그 이상도 가능하다.
◎ 단순한 조각 그림 맞추기 뿐 아니라 도형퍼즐, 숫자퍼즐 등 특정 개념을 학습시킬 수 있는 퍼즐을 제공한다.

✐ 활동 장면 및 결과물

겨울용품 끈 끼우기

조작놀이

☑ **활동목표**

➢ 손끝의 사용을 통해 실용적이고 예술적인 감각과 치밀함을 몸에 익힌다.
➢ 눈과 손의 협응력을 기른다.
➢ 손의 사용은 일을 한다는 의미로 삶을 살아가는 건설적인 생명력을 알게 한다.

☑ **활동수준**

➢ 만 3세(1수준)

☑ **준비물**

➢ 교사: 겨울 옷그림과 용품그림 or 사진, 펀칭기, 겨울 배경그림
➢ 학생: 크레파스, 부직포, 스카치테이프, 털실, 본 끈(小), 플라스틱 바늘

 활동 및 지도 방법

☑ **도입활동**

➢ 유아들에게 먼저 흥미를 갖게 한다(동요 '손이 시려워 발이 시려워~' 부르며).
➢ 지금은 어떤 계절인지 어떤 옷을 입는지 이야기를 나눈다.
➢ 그림을 보고 겨울에 입는 옷과 어울리는 용품을 찾아 연결해본다.

☑ 전개활동

- 털모자, 장갑, 목도리 사진을 보여준다.
- 부직포에 장갑을 그리고 가장자리에 펀칭을 해 기본판을 제공한다.
- 털실 끝부분에 투명테이프를 붙여 빳빳하게 한 다음 구멍의 순서대로 한땀 한땀 떠가도록 한다.

☑ 정리활동

- 익숙한 유아에게는 꿰기판에 점을 찍어주어 점선을 따라 플라스틱 바늘과 굵은 실로 실제로 바느질해보도록 한다.
- 처음에는 위아래 감치기 기법으로 하고 아래위 홈질 기법으로 꿸 수 있도록 한다.
- 다른 주제를 따라 여러 가지 모양을 바느질로 표현해 볼 수 있게 한다.
  예 봄, 동물, 꽃 등등

✏ 유의사항

- 바느질 할 때 플라스틱 바늘로 장난치지 않게 조심하도록 한다.
- 조작놀이를 할 때 친구들의 방해를 받지 않는 놀이공간을 구성해주고 시간도 충분히 주도록 한다.

✏ 참고사항

- 끈 끼우기가 끝나면 반드시 풀어서 다음 아이가 할 수 있게 정리하는 유아를 격려한다.
- 새롭고 더 복잡한 조작놀이를 실시하도록 한다.

10가베로 도형 완성하기

조작놀이

☑ **활동목표**

❱❱ 탐구력과 창작력을 향상시킬 수 있다.

❱❱ 점의 연결에 의해서 직선과 곡선이 생긴다는 것을 알 수 있다.

❱❱ 점에서 선 → 면 → 입체가 되는 것을 구체적으로 알 수 있다.

☑ **활동수준**

❱❱ 만 5세(2수준)

☑ **준비물**

❱❱ 교사: 10가베(나무로 된 점), 가위, 색종이로 만든 도형

❱❱ 학생: 색종이

✎ **활동 및 지도 방법**

☑ **도입활동**

❱❱ 흥미를 가질 수 있도록 동그란 점을 탐색할 수 있게 한다.

❱❱ 색종이 도형을 보고 원으로 연상되는 것들을 이야기해본다.

❱❱ 우리 주위에 도형과 관련된 물건들과 장소를 찾아본다.

☑ **전개활동**

❱❱ 기본 도형 색종이 카드에 연상되는 것을 꾸며본다.

❱❱ 원으로 연상되는 것을 표현해 해를 만들어본다.

☑ 정리활동

❯ 유아들이 만들 수 있는 자유 주제를 주어서 다른 사물, 동물들을 만들
어 보게 한다.

❯ 작품은 사진을 찍어 벽면에 전시해 둔다.

❯ 소극적인 유아에게는 밑그림을 그려 놓고 실물구성을 하도록 하고 연
령이 높은 유아에게는 선으로 표현하는 방법과 면으로 표현하는 방법
을 해보도록 한다.

 유의사항

❯ 처음 접하는 것은 교사가 먼저 시범을 보인 후 실시한다.

❯ 당황하지 않게 격려하며 충분한 시간을 주어 스스로 참여할 수 있도
록 이끌어 낸다.

참고사항

❯ 단순한 놀이 활동에서 복잡한 놀이 활동으로 점진적인 놀이 기회를
제공한다.

❯ 조작놀이에 참여하지 않거나 늘 같은 수준의 조작놀이만 하는 유아에
게는 적극적인 놀이에 개입하도록 유도한다.

활동 장면 및 결과물

CHAPTER

5 점토 및 목공놀이

01 칼라믹스 점토로 곰인형 만들기, 목공으로 토끼 만들기

칼라믹스 점토로 곰인형 만들기

점토 및 목공놀이

☑ **활동목표**

- ❯❯ 손가락 자극으로 두뇌 능력을 기른다.
- ❯❯ 세밀하여 집중력을 키운다.

☑ **활동수준**

- ❯❯ 만 3세(2수준)

☑ **준비물**

- ❯❯ 교사: 칼라믹스 점토, 곰인형그림
- ❯❯ 학생: 스케치북, 색연필

활동 및 지도 방법

☑ 도입활동

- 유아들에게 먼저 흥미를 갖게 한다.
- 스케치북에 곰인형을 그려본다.
- 색연필로 곰인형을 색칠한다.

☑ 전개활동

- 유아가 그린 그림을 토대로 순서를 정한다.
- 순서대로 만들어본다.

☑ 정리활동

- 만든 것에 대해서 토의해본다.
- 곰인형의 부분적 색깔에 대해 공부한다.

유의사항

- 지점토를 입에 대지 않도록 주의시킨다.
- 지점토를 만진 후 손을 깨끗이 씻도록 한다.

참고사항

- 지점토에 익숙해지면 다른 조형물들도 만들어본다.
- 다른 종류의 점토로도 만들어본다.

목공으로 토끼 만들기

점토 및 목공놀이

✓ 활동목표

- ❯❯ 창의력을 기른다.
- ❯❯ 상상력을 돕는다.

✓ 활동수준

- ❯❯ 만 3세(1수준)

✓ 준비물

- ❯❯ 교사: 나무 블록
- ❯❯ 학생: 스케치북, 색연필

✒ 활동 및 지도 방법

✓ 도입활동

- ❯❯ 유아들에게 먼저 흥미를 갖게 한다.
- ❯❯ 여러 가지 모양을 만들어본다.

✓ 전개활동

- ❯❯ 유아들이 좋아하는 동물들을 이야기하게 한다.
- ❯❯ 동물 백과사전으로 여러 동물을 찾아본다.

✓ 정리활동

- ❯❯ 만든 후 동물의 사진과 비교해서 공통점과 차이점을 이야기한다.
- ❯❯ 다른 동물들도 응용해서 만들어본다.

◐ 던지지 않도록 주의 시킨다.
◐ 입에 넣지 않도록 한다.

참고사항

◐ 블록의 개수를 늘려서 다른 종류도 만들어본다.
◐ 다른 종류의 블록으로도 만들어본다.

활동 장면 및 결과물

02 장승 만들기, 전통 탈 만들기

장승 만들기

점토 및 목공놀이

☑ **활동목표**

- 우리나라 전통문화의 장승의 의미를 알아본다.
- 해학적인 장승의 이미지를 만들어본다.

☑ **활동수준**

- 5~6학년

☑ **준비물**

- 교사: 장승이 만들어지는 동영상 파일, 여러 가지 장승 그림
- 학생: 나무, 목공풀, 장식재료, 싸인펜, 도화지, 연필

활동 및 지도 방법

☑ **도입활동**

- 학생들에게 장승의 의미와 유래를 설명한다.
- 다양한 장승의 모양과 만들어지는 과정의 동영상 파일을 시청한다.

☑ **전개활동**

- 다양한 장승의 모양을 본 느낌을 이야기한다.

◎ 나만의 장승을 도화지에 스케치한 뒤 장승을 만든다.

☑ 정리활동

◎ 완성된 장승을 전시한다.
◎ 장승이 전시된 공원을 찾아 직접 관람할 수 있도록 한다.

✎ 유의사항

◎ 장승을 만들 때 위험한 도구를 사용할 때는 교사의 도움을 받는다.
◎ 현장 체험을 갈 때는 함부로 작품에 손을 대지 못 하게 한다.

✎ 참고사항

◎ 목공이 아닌 다양한 재료로 장승을 만들어 보도록 한다.
◎ 독특한 장승 전시회를 찾아가본다.

✎ 활동 장면 및 결과물

전통탈 만들기

점토 및 목공놀이

✅ **활동목표**

- ⊛ 우리나라 전통탈의 종류와 의미를 알아본다.
- ⊛ 창의성을 기른다.

✅ **활동수준**

- ⊛ 초등학교 저학년

✅ **준비물**

- ⊛ 교사: 동화책 '아무도 모를 거야'(글: 김향림, 그림: 이혜리, 보리펴냄), 탈그림 자료, 사진기
- ⊛ 학생: 클레이 아트, 고무찰흙

활동 및 지도 방법

✅ **도입활동**

- ⊛ 동화책을 들려준다.
- ⊛ 우리나라 전통탈의 모양을 보여준다.

✅ **전개활동**

- ⊛ 전통탈의 이름과 의미를 이야기한다.
- ⊛ 우리나라 전통탈춤에 대해서 이야기한다.

✅ **정리활동**

- ⊛ 다양한 점토로 전통탈을 만들어본다.

● 전통탈춤 공연을 보러 간다.

유의사항

● 다양한 색깔과 점토로 자신만의 개성을 살린 탈을 만들어 보게끔 유도한다.
● 전통탈춤을 구경할 때는 조용하게 감상한다.

참고사항

● 전통탈춤을 공연하는 시점에 맞추어 수업을 하면 탈을 만들고 가까운 시일 내에 공연을 관람할 수 있다.

활동 장면 및 결과물

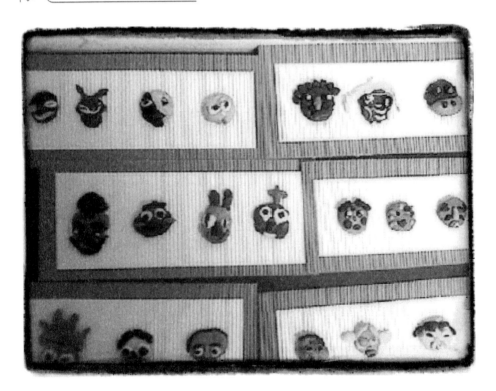

나무/집/그네 만들기

목공놀이

✓ **활동목표**

❯❯ 나무를 다루는 놀이로서 많은 근육 및 관절운동력, 상상력, 협응력, 조작적 기술 등을 키울 수 있다.

❯❯ 나쁜 감정을 해소하고 정서적 안정감을 찾을 수 있다.

✓ **활동수준**

❯❯ 만 6세(1수준)

✓ **준비물**

❯❯ 교사: 크기가 다양한 나무 조각들(재질연한나무), 접착제

❯❯ 학생: 테이프, 면봉, 실

활동 및 지도 방법

✓ **도입활동**

❯❯ 유아가 목공놀이에 흥미를 갖도록 하기 위해서는 사전에 목공에 관한 여러 가지 지식을 얻을 수 있는 경험을 제공한다. 즉 제재소, 목공소 등을 방문하거나 책자를 제공하거나 관련된 일을 하는 자원 인사를 초빙하여 목공에 대한 흥미와 이해를 높인다.

☑ 전개활동

- ❯ 안전에 관련된 기초지식과 방법을 익힌다.
- ❯ 만들 수 있는 사진 자료를 예로 보여준다.

☑ 정리활동

- ❯ 여러 가지 재료와 도구를 활용하여 창의적으로 만들고 꾸며본다.
- ❯ 특정한 사물을 만들어본다.

유의사항

- ❯ 목공놀이의 안전 관리에 유념해야 한다.
- ❯ 작품의 계획은 놀이 활동을 하면서 융통성 있게 계획을 전개하도록 한다.
- ❯ 처음에는 간단한 활동부터 시작하도록 지도한다.
- ❯ 정적 공간과 떨어진 곳에 통행이 적고 밝은 곳을 선택한다.

참고사항

- ❯ 지역사회 자원을 활용할 때는 살아있는 자연을 훼손하지 않도록 주의해야 한다.
- ❯ 교사가 정해준 곳에서만 작업을 할 수 있도록 한다.
- ❯ 창의적 활동으로 연결될 수 있도록 지도한다.
- ❯ 작업을 하다가 상처를 입었을 때 치료할 수 있는 간단한 상비약을 항상 준비해둔다.

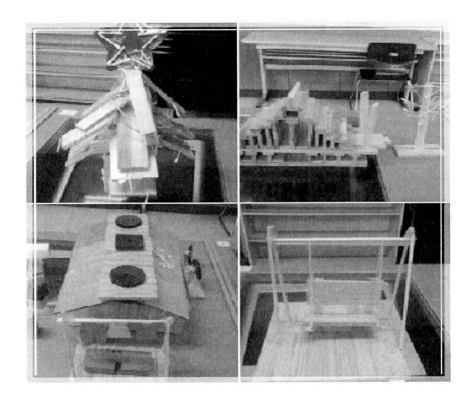

손도장 찍기 · 피자 만들기

점토놀이

✔ **활동목표**

» 촉감을 경험하고 촉감을 말로 나타내본다.

» 소근육 발달뿐 아니라 점토를 활용해 자신이 표현하고자 하는 것을 담아내면서 상상력과 표현력을 기를 수 있다.

✔ **활동수준**

» 만 4세

✔ **준비물**

» 교사, 학생: 칼라믹스 점토, 놀이용 그릇, 찍기 틀, 신문지

✎ **활동 및 지도 방법**

✔ **도입활동**

» 찰흙 탐색하기(색색깔 점토를 동글동글하게 빚거나 꾸욱 눌러보는 등 다양하게 탐색한다. 포크로 찰흙 위를 누르고 찌르고 긁는 과정을 통해서 그 모양이 변하는 과정을 관찰한다)

✔ **전개활동**

» 도장 찍어보기(색색깔 점토를 밀대로 밀어서 적당한 크기로 펴준다. 손이나 발을 꾹 눌러 찍어본다. 점토판에 찍힌 모양과 실물을 비교해 봄으로써 관찰력과 주의력을 키울 수 있다)

☑ 정리활동

◎ 사물 표현하기, 색깔 섞어보기, 과자 만들어 보기, 색깔별로 분류하기
  등 다양한 활동을 해보도록 한다.
◎ 완성된 점토를 말린다.
◎ 만든 작품에 대해 이야기를 나눈다.

✏ 유의사항

◎ 유아가 점토를 먹지 않도록 주의한다.

✏ 참고사항

◎ 신체의 미세한 감각을 통한 놀이이므로 놀이 시 유아들의 주의 집중
  을 잘하도록 통제해야 한다.
◎ 칼라믹스점토뿐만 아니라 찰흙, 지점토, 밀가루에 물감을 섞어 사용
  하기 등 다양한 점토도 사용해 볼 수 있다.

✏ 활동 장면 및 결과물

우드 점토로 마술 연필 만들기

점토놀이

☑ **활동목표**

» 점토로 여러 모양을 만들어 볼 수 있어 창의력을 기를 수 있고 우드 점토의 특성을 알 수 있다.

» 학생들의 손의 감각이 증진되고 소근육을 발달시킨다.

☑ **활동수준**

» 만 6세(2수준)

☑ **준비물**

» 교사: 우드 점토로 연필만들기 PPT 자료, 사진기 등

» 학생(개인별): 우드 점토(색상별), 연필심, 점토도구 밀대 1개, 도화지 등

✎ **활동 및 지도 방법**

☑ **도입활동**

» 학생들에게 점토의 종류의 대해 이야기한다.

» 학생들에게 우드 점토의 특징 및 각종 준비물을 설명한다.

» 우드 점토로 연필만들기 PPT 자료를 보여주며 설명한다.

» 점토의 색상 변환 방법에 대해 설명한다.

예 빨강＋노랑＝주황 　　　　　 빨강＋파랑＝보라

✓ 전개활동

- ≫ 우드 점토와 연필심을 준비하고 점토를 밀어 네모 형태로 만든다.
- ≫ 긴 연필심을 점토 끝부분에 넣고 꼼꼼히 말아준다.
- ≫ 동글동글 굴려 연필모양을 만든 후 여러 가지 재료를 이용해서 꾸미기를 한다.
  예 개구리모양얼굴, 리본모양, 돼지모양얼굴 등

✓ 정리활동

- ≫ 우드 점토가 굳으면 각자 만든 연필로 그림이나 글을 써보고 나무처럼 깎으며 쓸 수 있다.
- ≫ 각자 만든 연필을 이용해서 느낌을 적어보고 친구들 것도 감상한다.
- ≫ 활동 후 깨끗이 정리 정돈한다.

🖉 유의사항

- ≫ 천연나무로 만든 무독성 점토이나 먹지 않도록 지도한다.
- ≫ 연필심을 만질 때는 부러지지 않도록 주의시킨다.
- ≫ 점토용 칼이나 각종 부자재의 사용을 주의시킨다.

🖉 참고사항

- ≫ 찰흙이나 다른 점토와의 차이점을 설명할 수 있다.
- ≫ 학생들이 직접 만든 자기만의 연필로 개성을 표현할 수 있고 애착을 느낄 수 있으며 다른 학용품도 아껴 쓸 수 있는 소중함을 안다.

나무로 크리스마스 카드 만들기

목공놀이

☑ **활동목표**
- 여러 가지 나무의 특징을 알 수 있고 길이 측정 등 수 개념을 알 수 있다.
- 나무의 조형 활동으로 창의력이 증진되며 정서발달을 향상시킨다.
- 학생들의 주의 집중력을 발달시킨다.

☑ **활동수준**
- 만 6세(1수준)

☑ **준비물**
- 교사: 나무로 크리스마스 카드 만들기 PPT 자료, 사진기 등
- 학생: 여러 가지 나무조각모형, 색도화지, 색지, 목공풀, 반짝이풀, 가위 등

✐ **활동 및 지도 방법**

☑ **도입활동**
- 나무의 여러 가지 종류에 대해 설명한다.
- 나무로 만들 수 있는 여러 가지 생활용품들을 말할 수 있는 기회를 준다.
- 나무로 크리스마스 카드를 만드는 PPT 자료를 보며 설명한다.

☑ **전개활동**
- 색도화지로 여러 가지 형태의 카드모양을 만든다.

◈ 각종 나무조각모형을 이용해서 목공풀로 카드모양을 꾸민다.

◈ 반짝이풀을 이용하여 마무리 작업을 한다.

☑ 정리활동

◈ 학생들이 만든 여러 가지 나무조각의 카드를 서로 감상하고 표현해본다.

◈ 카드를 보내고 싶은 분에게 직접 만든 나무 카드를 작성한다.

◈ 활동 후 깨끗이 정리한다.

유의사항

◈ 학생들은 여러 가지 나무조각을 이용해 만들 수 있도록 설명해주고, 나무의 특징을 이용해 표현할 수 있는 방법들을 알려준다.

◈ 학생들은 친구들과 서로서로 사이좋게 재료를 이용하여 활동할 수 있도록 설명해주고 각자 친구들의 다른 작품들도 감상할 수 있도록 발표하는 시간을 가진다.

◈ 학생들은 뾰족한 나무조각에 다치지 않도록 조심해서 다루도록 설명한다.

참고사항

◈ 나무조각의 질감을 느껴본다.

◈ 나무가 우리에게 주는 즐거움에 대해 설명한다.

05 신발 만들기, 모형 목공 만들기

 신발 만들기

점토놀이

☑ **활동목표**

    » 소근육 발달을 돕는다.

    » 점토 활동을 통하여 물체의 양감과 질감을 알고 형태를 쉽게 바꿈으로써 조형의 기본을 알 수 있도록 한다.

☑ **활동수준**

    » 만 4세(1수준)

☑ **준비물**

    » 교사: 앞치마, 현장체험활동 보고서, 사진기(모둠별)

    » 학생: 지점토, 물감, 붓, 물통, 파레트, 신문지 또는 비닐, 앞치마

✎ **활동 및 지도 방법**

☑ **도입활동**

    » 책상에 비닐을 깔고 재료들을 가운데에 나누어 담아둔다.

    » 유아들에게 먼저 흥미를 갖게 한다.

    » 지점토를 손으로 주물러 부드럽게 만든다.

☑ **전개활동**

　　◎ 원하는 모양을 만든다.

　　◎ 그늘에서 건조시킨다.

　　◎ 지점토로 만든 신발모양에 예쁘게 색칠한다.

☑ **정리활동**

　　◎ 유아들에게 지점토를 만질 때 어떤 느낌이 들었는지 이야기 나눈다.

　　◎ 지점토로 신발을 만들 때 가장 어렸웠던 점은 무엇인지 이야기 나눈다.

　　◎ 계절에 따라 신는 신발의 종류에 대해 이야기 나눈다.

유의사항

　　◎ 유아들에게 지점토를 말릴 때 그늘에서 말린다는 것을 인식시킨다.

　　◎ 그늘에서 말린 후 물감으로 색칠을 하고 니스를 칠하고 말린다.

참고사항

　　◎ 지점토로 여러 가지 모양 찍기를 해본다.

　　◎ 지점토로 다른 방법을 이용하여 그림 그리기를 해보도록 한다.

활동 장면 및 결과물

모형 목공 만들기

목공놀이

☑ **활동목표**

- ◎ 소근육을 발달시키고 주의집중력이 길러진다.
- ◎ 창의성을 발달시킨다.
- ◎ 나무냄새나 질감을 느껴볼 수 있다.

☑ **활동수준**

- ◎ 만 4~5세(2수준)

☑ **준비물**

- ◎ 교사: 설계도 준비
- ◎ 학생: 스케치북, 크레파스, 사인펜, 못, 망치, 여러 가지 모양의 나무들, 끈

✎ **활동 및 지도 방법**

☑ **도입활동**

- ◎ 유아들에게 먼저 만들고 싶은 것을 선택하도록 한다.
- ◎ 여러 가지 모양의 나무를 가지고 친구들과 장난치지 않도록 한다.

☑ **전개활동**

- ◎ 목공의 모양을 잘 맞추어 만들어 줄 수 있도록 교사가 지도한다.
- ◎ 유아 자신이 자유롭게 생각한대로 놀이 활동을 하면서 융통성 있게 계획을 전개시킬 수 있도록 해준다.

» 유아 자신이 만든 목공의 모형을 스케치북에 그려보도록 한다.

» 친구들이 만든 목공의 모형을 서로 비교하며 관찰하도록 한다.

유의사항

» 연장은 목공놀이 영역에서만 사용하자고 약속을 정한다.

» 유아가 목공놀이를 하는 도중에 부속품들을 입에 넣거나 물지 않도록 주의를 주고 약속한다.

» 목공놀이를 들고 싸울 때에는 유아들에게 즉시 손에서 연장을 바닥에 내려 놓을 수 있도록 지도한다.

참고사항

» 목공모형을 가지고 역할놀이를 해보도록 한다.

» 다른 모형의 목공놀이를 실시할 수도 있다.

활동 장면 및 결과물

CHAPTER

6 물놀이

01 색물 뿌리기, 물로 만든 3층탑

색물 뿌리기

물놀이

☑ **활동목표**

» 물을 통해 창의적인 표현을 할 수 있다.

☑ **활동수준**

» 만 6세(1수준)

☑ **준비물**

» 교사: 학생명단
» 학생: 물, 물감, 붓, 도화지나 스케치북

✎ 활동 및 지도 방법

☑ 도입활동

- ⊙ 유아들에게 먼저 흥미를 갖게 한다.
- ⊙ 오늘 해 볼 그리기의 예시를 보여준다.
- ⊙ 어떤 방법으로 그렸을까 이야기 나누어본다.

☑ 전개활동

- ⊙ 물에 물감을 섞는다.
- ⊙ 붓에 물을 묻혀 도화지나 스케치북에 뿌려본다.
- ⊙ 뿌려본 느낌과 그림을 보고 이야기를 나누어본다.

☑ 정리활동

- ⊙ 유아들이 생각하는 것을 표현하여 본다.
- ⊙ 자신의 작품을 친구들 앞에서 소개하여 본다.

✎ 유의사항

- ⊙ 물감의 양을 충분히 하여 색물을 만들어야 색이 잘 표현된다.
- ⊙ 옷이나 얼굴을 향해 뿌리지 않도록 해야 한다.

✎ 참고사항

- ⊙ 붓이 아닌 표현할 수 있는 것을 더 사용한다(분무기 등).
- ⊙ 작은 도화지나 스케치북이 아닌 큰 종이에 활동을 하여 창의성을 돕는다.

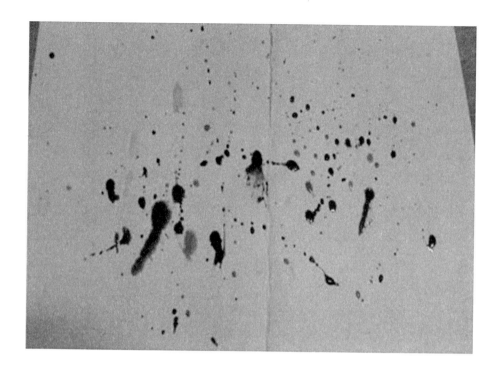

물로 만든 3층탑

물놀이

☑ **활동목표**

- 직접관찰 또는 탐구력을 기를 수 있다.
- 물과 기름의 특성을 알 수 있다.

☑ **활동수준**

- 만 7세(2수준)

☑ **준비물**

- 교사: 학생명단, 식용유, 알코올, 물, 투명한 컵
- 학생: 도화지, 색연필

✎ **활동 및 지도 방법**

☑ **도입활동**

- 유아들에게 먼저 흥미를 갖게 한다.
- 주어진 준비물을 보고 무엇일까 먼저 이야기 나눈다.
- 물, 알코올, 식용유에 대해 이야기 나눈다.

☑ **전개활동**

- 물을 먼저 컵에 담는다.
- 물을 담은 컵에 식용유를 부어본다.
- 마지막으로 알코올을 부어본다.

222 영유아 놀이지도의 이론과 실제

» 활동을 한 것을 보고 생각나는 것을 그려본다.

» 유아들이 정리를 직접 해보며 식용유의 특징에 대해서 더 알아본다.

유의사항

» 준비물로 장난을 치지 않도록 주의시킨다.

» 물 위에 식용유와 알코올을 부을 때 조금씩 컵의 벽을 따라 붓는다.

참고사항

» 불에서 물과 기름이 만났을 때의 특성에 대해서도 이야기 나누어본다.

» 물 위에 뜨는 물건에는 어떤 것이 있는지 알아본다.

활동 장면 및 결과물

02 비눗방울놀이, 재활용품으로 분수 만들기

 비눗방울놀이

물놀이

☑ **활동목표**

- ⊗ 비눗방울 불기를 통해 입 운동(부는 힘 조절)을 할 수 있다.
- ⊗ 비눗방울 잡기를 통해 눈과 손의 협응 능력을 기른다.
- ⊗ 공기가 공간을 차지함을 이해한다.

☑ **활동수준**

- ⊗ 만 6세(1수준)

☑ **준비물**

- ⊗ 교사: 학생명단(모둠편성명단), 체험활동 보고서, 사진기(모둠별)
- ⊗ 학생: 액체세제(퐁퐁), 물, 글리세린, 물엿, 불 수 있는 용기, 빨대, 볼, 물감

✎ **활동 및 지도 방법**

☑ **도입활동**

- ⊗ 유아들에게 먼저 흥미를 갖게 한다.
- ⊗ 물과 비누가 만나면 어떻게 되는지 알아본다.
- ⊗ 비누거품을 만들어본 적이 있는지 알아본다.

☑ 전개활동

　⊛ 유아에게 비눗방울 준비물을 나누어주며 비누거품을 만들어본다.

　⊛ 빨대로 비누거품을 불어본다.

　⊛ 비눗방울 속에 무엇이 들어있는지 알아본다.

☑ 정리활동

　⊛ 여러 모양의 비눗방울 모양을 만들어본다.

✎ 유의사항

　⊛ 비눗물을 친구에게 붓지 않도록 한다.

　⊛ 비눗방울이 친구들이나 본인의 눈에 들어가지 않게 주의한다.

　⊛ 비눗물을 빨대로 빨아 먹지 않게 한다.

✎ 참고사항

　⊛ 비누거품에 물감을 섞어 여러 가지 색을 만들어본다.

　⊛ 도화지에 빨대로 거품을 만들어 거품 모양을 찍어본다.

✎ 활동 장면 및 결과물

재활용품으로 분수 만들기

물놀이

☑ **활동목표**

◎ 물의 분사 현상을 알아본다.

◎ 구멍의 크기와 물의 압력에 따라서 분사 현상이 어떻게 달라지는지 알아본다.

◎ 다양한 재료를 이용하여 놀잇감을 만들며 성취감을 갖고 미적감각을 기른다.

☑ **활동수준**

◎ 만 6세(2수준)

☑ **준비물**

◎ 교사: 학생명단(모둠편성명단), 사진기(모둠별), 풍선펌프

◎ 학생: 비닐봉투, 구멍이 다양하게 뚫린 페트병, 우유팩, 요구르트병, 분수를 꾸밀 재료, 구멍 크기가 다른 플라스틱 종이컵, 큰 대야, 물감

🖉 활동 및 지도 방법

☑ **도입활동**

◎ 분수를 본 경험에 대해 이야기를 나눈다.

☑ **전개활동**

◎ 페트병을 스티커, 시트지 등을 이용하여 꾸며본다.

◎ 다양한 재료를 이용하여 물을 담아 물분수를 해본다.

☑ 정리활동

　◎ 분수와 관련된 다양한 정보를 찾아보고 이야기 나누어 본다.

　◎ 물분수를 이용해서 나무, 꽃 등에 물을 줘 본다.

✎ 유의사항

　◎ 페트병에 송곳을 사용하여 구멍을 뚫을 때 유아들이 다치지 않도록
　　주의한다.

　◎ 유아들이 물의 분사 현상을 다양하게 관찰하도록 구멍의 갯수 및 위
　　치를 다양하게 한다.

✎ 참고사항

　◎ 물분수를 이용해서 땅에 그림을 그리고 어떻게 되는지 관찰해 봄으로
　　써 물의 다른 성질에 대해서도 알아본다(물의 증발).

✎ 활동 장면 및 결과물

 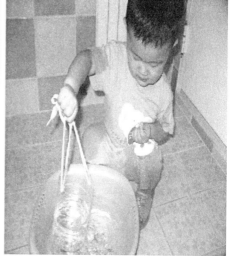

03 비눗방울놀이, 물풍선놀이

비눗방울놀이

물놀이

✓ 활동목표

- ▶ 비눗방울 불기를 통해 입 운동(부는 힘 조절)을 할 수 있다.
- ▶ 비눗방울 잡기를 통해 눈과 손의 협응 능력을 기른다.
- ▶ 비눗방울놀이를 통해 즐거움을 얻는다.

✓ 활동수준

- ▶ 만 6세(1수준)

✓ 준비물

- ▶ 교사: 학생명단(모둠편성명단), 현장체험활동 보고서, 사진기(모둠별)
- ▶ 학생: 물비누, 비눗방울채(빨대, 철사로 만든 것)빨대 17개, 동그란 모양채 7개, 네모난 모양채 7개, 세모난 모양채 7개, 비눗방울용액 담을 용기 17개, 글리세린(선택), 물엿(선택)

✎ 활동 및 지도 방법

✓ 도입활동

- ▶ 비눗방울놀이를 해본적 있는지 경험을 이야기한다.
- ▶ 어떤 도구로 비눗방울을 불 수 있을지 함께 생각해본다.
- ▶ 교사가 미리 준비해온 비눗방울채를 보여주며 어떤 모양의 비눗방울

228 영유아 놀이지도의 이론과 실제

이 만들어 질지 이야기해본다.

◎ 비눗방울놀이를 할 때 주의할 점을 이야기한다.

☑ 전개활동

◎ 비눗방울 용액을 만든다.

• 물과 세제의 비율을 6:4로 하고 글리세린과 물엿을 조금 넣어준다(글
리세린은 수분의 증발을 막아 오랫동안 비눗방울을 유지시켜준다).

◎ 먼저 빨대로 비눗방울을 불어본다.

◎ 동그라미, 세모, 네모모양의 채를 선택하여 비눗방울을 불어본다.

◎ 날아가는 비눗방울을 관찰하며 잡아본다.

◎ 비눗방울놀이를 한다.

◎ 검은 도화지에 비눗방울을 불어 터진 모양을 관찰한다.

☑ 정리활동

◎ 비눗방울채에 따라 비눗방울이 불어졌는지, 어떤 모양의 방울의 생겼
는지 이야기한다.

◎ 비눗방울의 색깔을 이야기해본다.

◎ 비눗방울이 날아가는 모습을 몸으로 표현해본다.

✎ 유의사항

◎ 기대하는 대답이 나오기 않거나 칭찬 혹은 격려를 해야 할 필요가 있
는 경우 교사도 참여하여 이야기 할 수 있다.

◎ 유아들이 안전에 유의한다.

✎ 참고사항

◎ 유아들이 비눗방울을 잘 불 수 있도록 도와준다.

◎ 자유롭게 신체표현을 할 수 있도록 격려한다.

물풍선놀이

물놀이

☑ 활동목표

- ◉ 규칙을 이해하고 지키는 태도를 가진다.
- ◉ 신나게 풍선을 던져본다.

☑ 활동수준

- ◉ 만 3세(2수준)

☑ 준비물

- ◉ 교사: 학생명단(모둠편성명단), 현장체험활동 보고서, 사진기(모둠별)
- ◉ 학생: 물풍선, 수건, 과녁판

✎ 활동 및 지도 방법

☑ 도입활동

- ◉ 즐겁고 신나는 게임을 한다고 이야기하고 실외마당에서 자유롭게 뛰어놀게 한다.
- ◉ 교사는 물풍선놀이를 할 수 있도록 놀이 환경을 준비한다.
- ◉ 너무 많이 물을 채우지 않게 한다.

☑ 전개활동

- ◉ 모든 준비가 끝났으면 유아들과 물풍선놀이를 한다.
- ◉ 실내보다는 야외에서 활동하도록 한다.

☑ 정리활동

　◈ 놀이가 끝나면 주변을 정리하고 교실로 들어온다.

유의사항

　◈ 물이 터지면서 미끄러울 수 있으므로 조심한다.
　◈ 다른 친구를 밀거나 친구에게 풍선을 던지지 않게 한다.

참고사항

　◈ 한 개를 던져보고 차츰 하나씩 늘려 던져본다.

활동 장면 및 결과물

04 비눗방울놀이, 비눗방울 그림

비눗방울놀이

물놀이영역

☑ 활동목표

- 비눗방울 불기를 통해 부는 힘 조절을 할 수 있다.
- 비눗방울 잡기를 통해 눈과 손의 협응 능력을 기른다.

☑ 활동수준

- 만 5세(1수준)

☑ 준비물

- 교사: 사진기, 물비누, 비눗방울채(빨대, 철사, 와이어), 설탕, 글리세린, 볼, 물.
- 학생: 비눗방울 용액을 담을 용기, 친구들이 만든 비눗방울채

🖊 활동 및 지도 방법

☑ 도입활동

- 실외로 나가기 전 비눗방울놀이를 해본 적 있는지 경험을 이야기한다.
- 어떤 도구로 비눗방울을 불 수 있을지 함께 생각해볼 기회를 준다.

☑ **전개활동**

» 교사가 미리 준비해온 비눗방울채를 보여주며 어떤 모양의 비눗방울이 만들어질지 이야기 해본다.

» 비눗방울채를 만들어본다.

» 비눗방울놀이를 할 때 주의할 점을 이야기한다.

» 실외 놀이터로 질서 있게 이동한다.

☑ **정리활동**

» 자기가 만든 비눗방울채로 불었을 때 어떤 모양이 나왔는지 이야기해본다.

유의사항

» 친구들이 입이나 눈에, 친구 얼굴을 향해 비눗방울을 불지 않도록 주의 깊게 관찰해야한다. 비눗방울놀이할 때 조심해야 할 것들을 가르쳐 준다.

» 와이어로 다양한 모양과 크기를 만들 수 있도록 지도해준다.

참고사항

» 친구들이 만든 와이어로 실외놀이로 이어지도록 할 수 있다.

» 빨대와 와이어로 만들어서 불었을 때 모양과, 크기는 어떤지 이야기해본다.

비눗방울 그림

물놀이영역

☑ **활동목표**

   » 비눗방울을 통한 즐거움과 창작활동을 할 수 있다.

   » 색 섞어보기를 통한 과학영역에 흥미를 갖게 해줄 수 있다.

☑ **활동수준**

   » 만 7세(2수준)

☑ **준비물**

   » 교사: 전지, 물비누, 빨대(굵은 것, 와이어 등)

   » 학생: 물감, 비눗방울 담을 용기, 전지, 빨대

✎ **활동 및 지도 방법**

☑ **도입활동**

   » 유아들과 비눗방울 손유희를 통해 주의집중시킨다.

   » 유아들과 비눗방울 그림에 대해서 이야기해본다.

   » 팀으로 나누어준다.

☑ **전개활동**

   » 팀별로 용기에 두 가지 색깔을 섞어서 만들어 볼 수 있도록 지도해
준다.

   » 만든 색깔로 전지에 불어서 모양을 나타내본다.

　　◈ 각 팀별로 만든 그림을 감상하게 하고 이야기해보게 한다.

　　◈ 오늘 색깔이 섞였을 때 어떤 색깔로 변했는지 이야기해본다.

유의사항

　　◈ 물비누를 넣을 때 어느 정도로 넣어야 할지 교사가 그때그때 조금씩
　　　개입해야 한다.

　　◈ 팀별로 색깔을 섞으면서 물감으로 장난치지 않도록 한다.

참고사항

　　◈ 색깔 섞는 것을 통해서 삼원색에 대해서도 알아볼 수 있다.

활동 장면 및 결과물

CHAPTER

7 모래놀이

01 공룡뼈 발굴놀이, 모래그림 그리기

공룡뼈 발굴놀이

모래놀이

 활동목표

   ❯❯ 자유로운 모래놀이를 통하여 정서적 표출을 돕는다.
   ❯❯ 공룡뼈를 발굴하고 화석에 대해 이해하는 시간을 가진다.

 활동수준

   ❯❯ 만 3세(1수준)

 준비물

   ❯❯ 교사: 학생명단, 사진기(모둠별)
   ❯❯ 학생: 비닐봉투

활동 및 지도 방법

☑ 도입활동

- » 유아들에게 먼저 흥미를 갖게 한다.
- » 여러 가지 화석 종류를 인식하게 한다.
- » 여러 가지 화석의 종류와 그에 필요한 자료를 찾을 수 있는 기회를 준다.

☑ 전개활동

- » 유아들이 좋아하는 공룡에 대하여 이야기해본다.
- » 사진 등을 보여주어 공룡의 속하는 뼈의 형태를 알아보게 한다.

☑ 정리활동

- » 유아들이 찾아온 공룡의 뼈로 직접 공룡을 만들어보게 한다.
- » 인터넷이나 책 등을 통해 공룡에 대해 더 알아보도록 한다.

유의사항

- » 유아들에게 화석은 오래된 것이라 부서지기 쉽다는 인식을 시키고 가급적이면 화석이 부러지거나 훼손되지 않도록 주의를 준다.

참고사항

- » 화석에 대해 이해하고 배워보는 시간을 가진다.

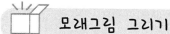
모래그림 그리기

모래놀이

✓ 활동목표

- ⟫ 직접 참여하여 모래자체에 흥미를 가지게 만든다.
- ⟫ 눈과 손의 협응력을 가진다.

✓ 활동수준

- ⟫ 만 3세(1수준)

✓ 준비물

- ⟫ 교사: 학생명단(모둠편성명단), 사진기(모둠별)
- ⟫ 학생: 모래놀이, 장난감

✎ 활동 및 지도 방법

✓ 도입활동

- ⟫ 유아들에게 먼저 흥미를 갖게 한다.
- ⟫ 여러 가지 모래의 종류에 대해서 이야기해준다.
- ⟫ 스스로 탐색할 수 있는 시간을 가지도록 한다.

✓ 전개활동

- ⟫ 유아들에게 모래를 만져보게 하고 느낌을 말해본다.
- ⟫ 마음대로 선을 긋거나 주위 물건을 이용해 모래놀이에 참여토록 한다.

☑ 정리활동

⦿ 스스로 탐색하고 참여할 수 있도록 한다.

⦿ 유아들이 할 수 있는 제일 쉬운 방법으로 선을 그어보도록 한다.

🖉 유의사항

⦿ 유아들이 하고픈 대로 스스로 할 수 있을만큼 적절한 시간을 주어 굳이 가르쳐주지 않아도 혼자서 모래를 뿌리거나 헤집고 쏟고 부으며 즐거움을 느끼게 해준다.

🖉 참고사항

⦿ 유아들은 자신의 손을 움직여 선을 긋는 결과물에 만족한다.

🖉 활동 장면 및 결과물

02 모래로 우리 동네 꾸미기, 모래음식 찍기

모래로 우리 동네 꾸미기

모래놀이

☑ **활동목표**
- ◈ 모래놀이의 즐거움을 안다.
- ◈ 모래의 특성을 안다.

☑ **활동수준**
- ◈ 만 4세(2수준)

☑ **준비물**
- ◈ 교사: 모래, 모래삽, 막대, 컵, 수저, 작업복, 물뿌리개 등 크기, 모양, 용량이 다른 그릇들, 여러가지 모양 틀

활동 및 지도 방법

☑ **도입활동**
- ◈ 유아들에게 먼저 흥미를 갖게 한다.
- ◈ 준비된 재료들을 한동안 비형식적으로 탐색해 본다.
- ◈ 준비된 재료들을 이용하여 무슨 놀이를 하면 좋을지 계획을 세워본다.

☑ **전개활동**

- ➤ 젖은 모래를 이용하여 모래산을 쌓고, 터널을 만들고 여러 모양 틀로 집을 만들어본다.
- ➤ 산이나 터널, 집 등이 무너지지 않도록 하기 위해서 어떻게 해야 하는지를 이야기 해보며 놀이를 즐긴다.

☑ **정리활동**

- ➤ 물이나 모래가 묻은 옷과 몸을 깨끗이 닦는다.
- ➤ 각종 장난감들을 깨끗이 씻고 물기를 빼고 깨끗한 수건으로 닦는다.

✎ **유의사항**

- ➤ 모래속에 위험한 물건이 없나 미리 점검한다.
- ➤ 모래를 함부로 뿌리지 않도록 주의를 준다.

✎ **참고사항**

- ➤ 만들고 싶은 것을 마음대로 만들어본다.
- ➤ 마른 모래를 이용했을 때와 젖은 모래를 이용했을 때 어떤 차이가 있는지 생각해 보도록 한다.

모래음식 찍기

모래놀이

☑ **활동목표**

- 모래의 특성을 알 수 있다.
- 모래를 이용하여 새로운 것을 창작해 낼 수 있다.
- 모래놀이의 즐거움을 안다.

☑ **활동수준**

- 만 4세(1수준)

☑ **준비물**

- 교사: 모래, 삽, 작업복, 물, 물뿌리개 또는 스프레이, 다양한 모양과 크기의 그릇과 찍기 틀

✎ **활동 및 지도 방법**

☑ **도입활동**

- 유아들에게 먼저 흥미를 갖게 한다.
- 모래를 물을 적셔 젖은 모래로 만들어 놓는다.
- 젖은 모래와 마른 모래를 이용하여 만들 수 있는 여러 가지 모양에 대해 이야기를 나눈다.

☑ **전개활동**

- 물에 다양한 색깔의 물감을 섞어 색물을 만들어 놓는다.
- 큰 대야에 모래를 담고, 대야별로 색물을 골고루 뿌려 촉촉하게 젖은 모래를 만든다.

◈ 여러 모양 틀에 색모래를 색깔별로 다져 가며 담는다.

◈ 그릇을 뒤집어 엎어서 떡이 잘 만들어졌는지 확인한다.

☑ 정리활동

◈ 남는 모래는 여러 가지 찍기 틀로 예쁜 모양의 쿠키도 만들어본다.

◈ 만든 떡과 쿠키를 차려 놓고 잔치를 연다.

◈ 모래로 만든 것을 이용하여 역할놀이로 이어질 수 있도록 한다.

유의사항

◈ 모래속에 위험한 물건들이 없나 미리 점검한다.

◈ 모래로 만든 것들이 무너지지 않도록 하기 위해서는 어떻게 해야 하는지 이야기 해보며 놀이를 즐긴다.

참고사항

◈ 유아가 놀이에 익숙해지면 이 외에도 만들고 싶은 것을 마음대로 만들어본다.

◈ 창의적인 활동으로 이어질 수 있도록 유도한다.

활동 장면 및 결과물

03 젖은 모래와 마른 모래, 무지개 물고기

 젖은 모래와 마른 모래

모래놀이

☑ **활동목표**

◎ 마른 모래와 젖은 모래의 질감의 차이를 느낀다.

◎ 모래를 다양한 방법으로 탐색한다.

☑ **활동수준**

◎ 만 5세(1수준)

☑ **준비물**

◎ 교사: 모래놀이소꿉, 사진기, 현장체험활동 보고서

◎ 학생: 편한 복장

 활동 및 지도 방법

☑ **도입활동**

◎ 두껍아~ 두껍아~ 노래를 부르며 먼저 흥미를 유발시킨다.

◎ 모래놀이시 주의점을 먼저 알려준다.

   예 뿌리지 않기, 눈비비지 않기 등등

◎ 모래로 만든 조형물 사진을 보여준다.

☑ 전개활동

❯❯ 소꿉 그릇 한곳은 젖은 모래를 다른 한곳은 마른 모래를 담아 누른 후 그릇을 엎어본다.

❯❯ 그릇을 엎었을 때 젖은 모래와 마른 모래가 각각 어떤 모양으로 남는지 확인한다.

❯❯ 젖은 모래와 마른 모래의 특징을 알고 다양한 조형물 만들기를 해본다.

☑ 정리활동

❯❯ 각자의 조형물을 전시한다.

❯❯ 조형물 만들기에 어떤 모래가 더 적합한지, 또 젖은 모래와 마른 모래에 대한 특징과 느낀 점을 발표한다.

유의사항

❯❯ 실내에서 할 경우에는 돗자리 등을 펴서 모래놀이 영역을 구분해준다.

❯❯ 모래를 입에 넣거나, 얼굴에 뿌리거나, 눈을 비비지 않도록 주의한다.

❯❯ 모래놀이 후 손씻는 습관을 갖도록 지도한다.

참고사항

❯❯ 자연물이나 놀이감 등을 모래속에 숨기거나 찾기 활동도 해본다.

무지개 물고기

모래놀이(델타샌드)

✓ **활동목표**

» 물고기의 구조를 알고 형태를 표현하며 바다세상을 꾸며본다.

» 다양한 색감의 비늘소품으로 개성 있는 바다생물을 만들어본다.

✓ **활동수준**

» 만 5세(2수준)

✓ **준비물**

» 교사: 델타샌드, 무지개물고기 그림책, 물고기모양 플라스틱 틀, 색 빤짝이, 체험활동 보고서, 사진기

» 학생: 편한 복장

활동 및 지도 방법

✓ **도입활동**

» 무지개 물고기 그림책을 보여주며 읽어준다.

» 물고기가 바다속 여행을 하며 만난 다양한 바다 생물에 대해 인지한다.

✓ **전개활동**

» 델타샌드를 물고기 플라스틱 통에 넣어 꼭꼭 눌러 담는다.

» 동화 속 무지개 물고기의 특징을 살려 아름답게 꾸며본다.

✓ **정리활동**

» 자기가 꾸민 물고기의 개성적인 특징을 소개한다.

◎ 내가 물고기라면 어떤 모양의 물고기가 되고픈지 상상하며 발표해본다.

유의사항

◎ 모래속에 위험한 물건이 없는지 미리 점검한다.
◎ 모래를 입에 넣거나, 얼굴에 뿌리기, 눈을 비비지 않도록 주의한다.
◎ 모래놀이 후 손씻는 습관을 갖도록 지도한다.

참고사항

◎ 이 외에도 만들고 싶은 것을 마음대로 만들어본다.
◎ 물고기 역할놀이로 확장 활동도 해본다.

활동 장면 및 결과물

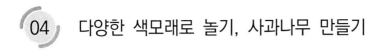

04 다양한 색모래로 놀기, 사과나무 만들기

다양한 색모래로 놀기

모래놀이

✓ **활동목표**
- 색깔을 구분할 수 있다.
- 여러 가지 색을 섞어 다른 색으로 만들 수 있다.

✓ **활동수준**
- 만 4세(1수준)

✓ **준비물**
- 교사: 여러 가지 색모래, 바닥에 깔 수 있는 큰 비닐, 물풀 등
- 학생: 각종 장난감, 도화지, 그리기도구 등

✏️ **활동 및 지도 방법**

✓ **도입활동**
- 율동과 노래로 유아를 집중시킨다.
- 색모래의 색깔들을 알 수 있도록 질문과 답을 해준다.
- 모래는 무엇으로 만들어지는지 이야기해 준다.

☑ **전개활동**

　◈ 유아들이 좋아하는 색을 이야기하게 한다.

　◈ 각각의 색깔들과 일치하는 것을 말하게 한다.

☑ **정리활동**

　◈ 색모래를 가지고 도화지에 물풀을 발라 그림을 그리게 한다.

　◈ 모래를 손과 발로 느낄 수 있게 한다.

　◈ 각각의 모래들을 섞어 어떤 색이 나오는지 알아본다.

유의사항

　◈ 아이들은 무엇이든 입에 넣는 습관이 있기 때문에 항상 관심을 두어
　　입에 넣지 못하도록 해야 한다.

　◈ 친구들과 장난을 칠 때 모래를 던지지 못하도록 해야 한다.

참고사항

　◈ 자기가 그린 그림을 맞추어보는 게임을 한다.

　◈ 모래를 손에 쥐었다 펴서 모래가 빠져나가는 느낌을 알게 한다.

활동 장면 및 결과물

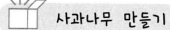

사과나무 만들기

모래놀이

☑ 활동목표

» 탐구력을 기를 수 있다.

» 열매의 숫자를 통해 자연스럽게 숫자를 알아갈 수 있다.

☑ 활동수준

» 만 5세(2수준)

☑ 준비물

» 교사: 모래, 샌드조각칼, 채반 등

» 학생: 사과와 관련된 동화책 혹은 그림책

활동 및 지도 방법

☑ 도입활동

» 율동과 음악으로 주의를 집중시킨다.

» 준비해 온 동화책을 이용하여 책을 읽어준다.

» 사과는 어떻게 만들어지는지 알아본다.

☑ 전개활동

» 모래가 잘 뭉쳐지게 주물러준다.

» 채반과 각종 도구를 이용해서 사과나무를 만들어준다.

☑ 정리활동

» 잘 뭉쳐진 모래를 이용해서 사과의 열매를 만들어본다.

◈ 그 열매가 어떻게 열리는지 상상하며 열매를 나뭇가지에 붙여본다.
◈ 다 열린 사과를 따서 아이들이 칼로 자를 수 있게 조각칼을 준다.

 ## 유의사항

◈ 물을 너무 많이 넣으면 모래가 진흙이 되기 때문에 적당량의 물을 넣어 잘 뭉쳐지게끔 반죽한다.
◈ 모래의 특성상 눈과 입에 들어가기 쉬우므로 항상 아이들에게 조심시켜야 한다.

참고사항

◈ 사과와 같이 씨앗을 뿌려야 되는 과일이나 채소에 대해 알아본다.
◈ 사과가 어떤 색깔이 있는지, 어떤 맛인지 알아본다.

활동 장면 및 결과물

숨은 보물을 찾아라, 모래놀이와 도구들

 숨은 보물을 찾아라

모래놀이

☑ **활동목표**
- ⟫ 여러 가지 감각 기관을 활용해 볼 수 있다.
- ⟫ 자유롭게 모래를 만지며 감각적으로 다양한 촉감을 경험할 수 있다.

☑ **활동수준**
- ⟫ 만 3세(1수준)

☑ **준비물**
- ⟫ 교사: 모래, 모래상자, 사진기, 그림카드
- ⟫ 학생: 작은 물건들(단추, 구슬, 작은 나무 블록, 공, 머리핀, 반지, 연필 등)

✎ **활동 및 지도 방법**

☑ **도입활동**
- ⟫ 플라스틱병에 다양한 잡곡, 곡식, 톱밥 등을 담아둔다.
- ⟫ 저울계와 계량컵, 그릇, 종이컵, 체, 국자 등을 준비한다.
- ⟫ 소꿉 장난감을 준비해 놓는다.
  유아들이 자유롭게 흥미로워 하도록 한다.

☑ 전개활동

>> 모래놀이할 때 지켜야 할 사항들을 이야기해본다.

>> 그림카드와 똑같은 것을 모래상자 안에서 찾아본다.

☑ 정리활동

>> 모래놀이가 끝난 후에 아이들과 기구를 제자리에 정리하는 시간을 갖도록 한다.

>> 교사가 "자, 우리 친구들 손 씻고 간식 먹은 다음에 실외놀이터에 가서 깃발 넘어뜨리기 게임을 해보도록 해요"라고 하며 추후 활동에 대해 공지한다.

유의사항

>> 게임을 하기 전 약속했던 규칙들을 잘 지킬 수 있도록 한다.

>> 유아가 여러가지 감각기관을 활용하고 다양한 촉감을 경험하기 위해서 여러 종류의 다양한 물건들을 사용하도록 한다.

참고사항

>> 다양한 탐색이 가능하도록 여러 형태의 그릇이나 컵들을 준비한다.

>> 유아가 놀이에 익숙해지면 실외놀이터에서 조를 나누어 깃발 넘어뜨리기 게임을 해보도록 한다.

모래놀이와 도구들

모래놀이

☑ **활동목표**

◎ 도구를 이용해서 모래를 쉽게 담는 것을 알 수 있다.

◎ 모래를 담아본 후, 어떤 도구가 쉽고 잘 담아지는지 알 수 있다.

☑ **활동수준**

◎ 만 2세(2수준)

☑ **준비물**

◎ 교사: 모래, 모래를 담는 큰 그릇, 깔대기, 병

◎ 학생: 수저, 국자, 주머니

✎ **활동 및 지도 방법**

☑ **도입활동**

◎ 수업 시작 전에 간단한 노래와 손동작을 통해 바른 자세를 유지한다.

◎ 흥미 유발 및 활동을 안내한다.

◎ 밖에 나가기 전에 지켜야 할 약속을 정한다.

☑ **전개활동**

◎ 모래를 병에 채워본다.

◎ 국자나 수저, 깔대기를 이용해본다.

☑ **정리활동**

◎ 모래놀이 후 병에 담기 쉬웠던 도구들에 대해 이야기를 나누어본다.

◎ 교실로 들어가기 전 도구를 정리하고 옷과 손의 모래를 깨끗이 정리한다.

유의사항

◎ 모래가 눈에 들어가지 않도록 지도한다.
◎ 아이들에게 모래를 스스로 담도록 해본다.

참고사항

◎ 어떤 도구가 쉽고 잘 담아지는지 말해본다.
◎ 모래를 이용해 성 쌓기나, 물길을 만들어 놀아본다.

활동 장면 및 결과물

CHAPTER

8 전통놀이

01 풀각시놀이, 칠교놀이

풀각시놀이

전통놀이

☑ **활동목표**

» 옛날 아이들이 놀던 전통놀이를 경험할 수 있다.

» 놀이를 통해서 언어 표현력과 이야기 구성 능력을 키울 수 있다.

☑ **활동수준**

» 만 3세(1수준)

☑ **준비물**

» 15cm가량의 나뭇가지 또는 수수깡, 산기슭에 자라는 각시풀 또는 부추

✎ 활동 및 지도 방법

☑ 도입활동

- ⟫ 산이나 들에서 부드럽고 길이가 긴 풀을 가지런히 뜯어온다 (야외로 나가기 불가피할 경우 부추를 이용하여도 좋다).
- ⟫ 만들고 싶은 인형모양에 대해 이야기 나누기를 해 본다.

☑ 전개활동

- ⟫ 풀을 가지런히 모아서 줄기부분을 나뭇가지나 수수깡 상단에 실로 단단히 묶는다.
- ⟫ 머리채처럼 늘어지게 되면 이를 땋아서 처녀를 만들기도 하고, 쪽을 져서 각시를 만들기도 한다.
- ⟫ 경우에 따라서는 팔을 만들어 치마 저고리를 만들어 입힐 수도 있다.

☑ 정리활동

- ⟫ 각자 자기가 만든 인형을 소개한다.
- ⟫ 완성된 인형을 가지고 논다.

✎ 유의사항

- ⟫ 유아가 실로 단단히 묶거나 머리를 땋는 것을 힘들어하므로 교사가 도와주어야 한다.

✎ 참고사항

- ⟫ 조형 활동으로 완성하여 극놀이방에서 활용할 수 있다.
- ⟫ 인형극놀이를 해볼 수 있다.

칠교놀이

☑ **활동목표**

　⊙ 칠교놀이판에 담긴 수학적 원리를 이해할 수 있다.

　⊙ 퍼즐 맞추기 과정을 통하여 문제 해결력과 창의력을 키울 수 있다.

☑ **활동수준**

　⊙ 만 5세(2수준)

☑ **준비물**

　⊙ 칠교판, 모형대본

✏ **활동 및 지도 방법**

☑ **도입활동**

　⊙ 칠교놀이의 유래에 대해서 설명해준다.

　⊙ 단순한 도형 중심의 칠교조각의 선이 보이는 칼라판모형을 제공해
　　준다.

☑ **전개활동**

　⊙ 첫 단계가 가능해지면 단순한 동식물 중심의 칼라판모형을 제공해
　　준다.

　⊙ 그 다음에는 칠교조각의 선이 보이지 않는 완성된 흑백모형을 제공해
　　준다.

  ⊙ 그 다음에는 대본을 제시하지 않고 유아 스스로 창의적 구성을 해볼
수 있도록 한다.

✎ 유의사항

  ⊙ 공간 및 도형, 대칭과 관련한 개념 형성에 도움을 준다는 것을 인식하
도록 한다.

✎ 참고사항

  ⊙ 칠교는 직각 이등변삼각형 5개, 정사각형 1개, 평행사변형 1개의 조
각들로 구성되어 있는 우리전통 탱그램의 일종이다.

  ⊙ 추가로 여러 가지 도형모양을 만들어서 다양한 생각을 제시해본다.

✎ 활동 장면 및 결과물

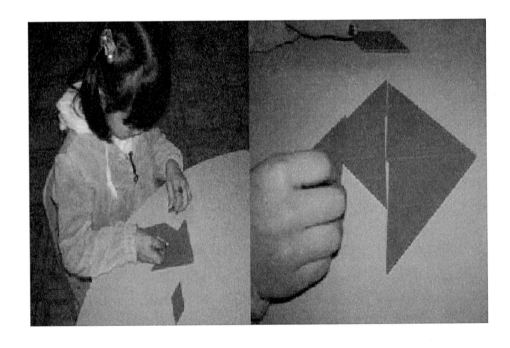

02 딱지치기, 자치기

딱지치기

전통놀이

☑ 활동목표
- ⊚ 성취감 혹은 승리감을 맛보게 한다.
- ⊚ 신체적 건강을 돕는다.

☑ 활동수준
- ⊚ 만 6세(1수준)

☑ 준비물
- ⊚ 교사: 학생명단(모둠편성명단), 전통놀이활동 보고서, 사진기(모둠별)
- ⊚ 학생: 조사자료 기록지(보고서), 필기도구, 딱지

🖉 활동 및 지도 방법

☑ 도입활동
- ⊚ 유아들에게 먼저 흥미를 갖게 한다.
- ⊚ 딱지를 직접 만들어보게 한다.
- ⊚ 팀을 나누어서 딱지치기를 한다.

☑ **전개활동**

> ❯ 접은 딱지의 모양이나 색깔에 대해 설명하게 한다.
> ❯ 딱지를 어떻게 하면 잘 뒤집을 수 있는지에 대해 이야기해본다.

☑ **정리활동**

> ❯ 각 개인의 딱지에 이름을 붙여주고 각자의 것은 가져가게 한다.
> ❯ 승리한 딱지의 모양이나 두께를 확인하면서 패한 딱지와의 차이를 알아본다.
> ❯ 승리한 팀에게 아낌없는 박수를 친다.

✎ **유의사항**

> ❯ 자칫 과한 승부욕으로 친구들끼리 싸움이 일어날 수 있는 것에 대해 사전에 교육시키고 양보와 배려를 가르친다.
> ❯ 딱지를 칠 때는 순서대로 해야하므로 질서유지에 신경을 쓴다.

✎ **참고사항**

> ❯ 딱지치기는 팀별로도 가능하지만 개인별 게임으로도 응용한다.
> ❯ 팀으로 나누어서 할 때는 딱지의 색깔을 2가지로 나누어서 해도 된다.

자치기

✔ 활동목표

- ⦿ 주의력을 기른다.
- ⦿ 집중력을 돕는다.

✔ 활동수준

- ⦿ 만 7세(2수준)

✔ 준비물

- ⦿ 교사: 학생명단(모둠편성명단), 현장체험활동 보고서, 사진기(모둠별)
- ⦿ 학생: 조사자료 기록지(보고서), 필기도구, 자치기도구

🖉 활동 및 지도 방법

✔ 도입활동

- ⦿ 유아들에게 먼저 흥미를 갖게 한다.
- ⦿ 자치기의 유래에 대해 이야기한다.
- ⦿ 자치기 놀이의 방법에 대해 설명한다.

✔ 전개활동

- ⦿ 팀을 나눈다.
- ⦿ 팀별로 응원팀도 만들어서 응원을 유도한다.

✔ 정리활동

- ⦿ 각 팀별로 질서를 유지시킨다.

◎ 승리한 팀에게 박수를 보낸다.
◎ 승리에 관계없이 응원을 열심히 한 팀에게도 박수를 보낸다.

유의사항

◎ 협동심을 기르는 활동이므로 질서유지에 신경을 쓴다.
◎ 승리한 팀과 패한 팀 모두에게 경쟁에 대해 인정할 수 있도록 유도한다.

참고사항

◎ 팀별이 끝나면 개인별로도 할 수 있다.
◎ 부모님과 한팀을 이루어서 게임도 가능하다.

활동 장면 및 결과물

03 투호놀이, 제기 차기

투호놀이

전통놀이

☑ 활동목표

⊙ 집중력과 침착성을 기른다.

⊙ 통 속에 넣은 화살의 수를 세며 수 개념을 익힌다.

☑ 활동수준

⊙ 만 3세

☑ 준비물

⊙ 교사: 전통놀이 사진(투호), 전통 문양, 항아리 투호 통

⊙ 학생: 나무 깃대 10개, 반짝이수술

활동 및 지도 방법

☑ 도입활동

⊙ 옛날의 우리나라에 대하여 설명해준다.

⊙ 투호하는 사진을 보여주며 호기심과 자극을 주어 관심을 이끌어준다.

⊙ 사진 속 투호깃대처럼 아이들과 함께 만들어본다.

① 나무를 30센티 길이로 잘라 깃대를 만든다.

② 수술을 이용해 깃대 끝부분을 장식하고 전통 무늬를 이용해 깃대 중간을 꾸민다.

☑ 전개활동

　　◎ 두팀으로 나누어 주고, 투호놀이의 규칙을 설명해준다.

　　◎ 직접 투호놀이를 체험한다.

　　　　① 항아리와 약 50센티 앞에 던지는 선을 그어 놓는다.

　　　　② 투호하는 순서를 정한다.

　　　　③ 다섯개의 깃대를 가지고 선앞에 아이들을 서게 한다.

　　　　④ 항아리를 향해 던져 속에 들어가도록 한다.

　　　　⑤ 몇 개가 들어갔는지 아이들과 함께 확인하여 이긴 팀을 축하해준다.

☑ 정리활동

　　◎ 승패와 상관없이 양 팀을 둘다 격려하며 놀이의 진정성을 일깨워준다.

　　◎ 게임을 통하여 전통놀이의 의미를 되새길 수 있게 설명해준다.

✎ 유의사항

　　◎ 나무 깃대를 가지고 장난치지 않게 주의시킨다.

　　◎ 양 팀 모두에게 선한 경쟁력을 주되 싸우지 않도록 잘 알려준다.

✎ 참고사항

　　◎ 아이들이 놀이에 익숙해지며 투호통과 아이들의 거리를 조금 더 멀리
　　　하고 깃대의 수도 더 많이 하여 아이들이 놀이의 단계를 밟도록 유도
　　　한다.

제기 차기

전통놀이

☑ **활동목표**

➧ 우리나라의 민속놀이를 배운다.

➧ 제기 차기를 하며 균형성을 키운다.

☑ **활동수준**

➧ 만 5세

☑ **준비물**

➧ 교사: 제기 차는 사진(그림), 나무 주걱, 숫자판

➧ 학생: 제기

 활동 및 지도 방법

☑ **도입활동**

➧ 제기 차는 사진을 보며 설명과 함께 이야기 나누기를 한다.

➧ 제기를 언제 주로 차는지 설명해준다(명절).

☑ **전개활동**

➧ 제기 차기의 규칙에 대해서 설명해준다.

➧ 제기 차기를 직접 체험해본다.

➧ 제기를 발로만 하는 것이 아니라, 다양한 방법으로 변형하여 체험해
본다(나무주걱을 이용해 발처럼 제기를 올려서 공중에 올려 내려오는
제기를 잘 받아 다시 올리는 놀이를 한다).

◎ 발로 한 제기 차기와 나무주걱으로 한 제기 차기의 차이점을 물어본다.

◎ 다른 것으로도 제기 차기를 할 수 있을지 물어봄으로써 아이들의 창
의력을 길러준다.

유의사항

◎ 균형감을 잃어 넘어지지 않게 사전에 한발로 서보는 등 사전 운동준
비를 한다.

참고사항

◎ 아이들의 대답으로 나온 다양한 제기 차기방법을 가지고 다음 시간에
직접 체험해본다.

활동 장면 및 결과물

04 윷놀이, 투호

윷놀이

전통놀이

☑ 활동목표

- ◎ 윷놀이의 규칙을 이해할 수 있다.
- ◎ 정해진 규칙에 따라 게임을 할 수 있다.

☑ 활동수준

- ◎ 만 5세

☑ 준비물

- ◎ 교사: 게임 말판, 윷, 바구니
- ◎ 학생: 말

활동 및 지도 방법

☑ 도입활동

- ◎ 윷을 자세히 탐색한다.
- ◎ 윷의 모양, 특징, 사용법에 대해 이야기 한다.

☑ 전개활동

- ◎ 아동들이 게임 말판의 특징과 말의 용도에 대해 이해할 수 있도록 상

호작용해준다.

» 윷과 게임 말판의 관계성을 연관지을 수 있도록 상호작용한다.

☑ 정리활동

» 윷놀이에는 어떤 규칙이 숨어있었는지 이야기해본다.

» 어떤 규칙성이 재미있었는지 이야기를 나눈다.

» 다른 전통 놀이는 어떤 놀이가 있는지 알고 있는 놀이에 대해 이야기를 나눈다.

유의사항

» 도, 개, 걸, 윷, 모가 각각 어떤 경우인지 유아가 이해하지 못했을 경우 실제 윷을 놓아가며 하나씩 설명해주고 윷과 모가 나왔을 때는 한 번 더 던질 수 있다는 규칙을 인식시켜준다.

» 유아가 도, 개, 걸, 윷, 모라는 용어를 어려워한다면 용어를 강요하기보다 유아가 기억하기 쉬운 용어를 사용하되 게임의 규칙성은 인식할 수 있도록 지도한다.

참고사항

» 게임 규칙과 놀이 방법을 더 응용하여 유아들이 직접 새로운 게임 규칙을 만들어볼 수도 있다.

» 지시카드를 정하여 지시카드에서 나오는 다양한 행동들을 이해하면서 문제 해결력을 기를 수 있다.

활동 장면 및 결과물

투호

✔ 활동목표

- ≫ 활동적인 수업으로 대근육과 소근육을 발달시킨다.
- ≫ 정확한 목표를 정하여 집중력을 기르고 침착성을 기른다.

✔ 활동수준

- ≫ 만 5세

✔ 준비물

- ≫ 교사: 학생명단(모둠편성명단), 투호 병, 투호 색 화살
- ≫ 학생: 조별 점수판

활동 및 지도 방법

✔ 도입활동

- ≫ 유아들에게 어떤 게임인지 예측을 해보면서 호기심을 유발한다.
- ≫ 게임 규칙을 설명하면서 어떤 팀으로 경기를 할지 의논한다.
- ≫ 색이 다양하므로 유아들이 직접 색을 정하여 점수를 결정지을 수 있게 한다.

✔ 전개활동

- ≫ 화살을 잡는 방법을 설명해준다.
- ≫ 유아 한 명에게 5번의 화살의 기회를 주고 전체 팀 점수를 합산하여 경기가 이루어진다고 설명해준다.
- ≫ 화살을 던질 위치에 대해 이야기를 나누고 그 위치에 어긋났을 경우

에는 어떻게 해야 좋은지에 대해 유아들과 서로 상호작용하면서 규칙
에 대한 이야기를 나누며 전개한다.

☑ 정리활동

◉ 목표를 향해 정확한 조준을 하기 위해서는 어떻게 해야 하는지 이야
기를 나눈다.

◉ 색이 다른 화살의 점수를 합산하면서 수에 대해 연관지어 이야기를
나누어본다.

유의사항

◉ 놀이지도를 할 경우 뾰족한 화살로 위험할 수 있으니 유아들에게 주
의를 주고 관심을 계속 가져주어야 한다.

◉ 팀을 정해서 하는 놀이인 만큼 개인이 아닌 협동심을 길러줄 수 있도
록 상호작용해준다.

참고사항

◉ 유아가 놀이에 익숙해지면 조금 더 먼 거리에서 새로운 게임 규칙을
정하여 놀이를 진행해도 좋다.

◉ 화살이 아니더라도 집에서 연계할 수 있는 놀이를 이야기해주는 것도
좋다.

CHAPTER

9 게임

01 정글짐 탐험, 마법의 성

정글짐 탐험

게임

☑ **활동목표**

    ⊗ 신체의 민첩성을 기른다.

    ⊗ 규칙을 잘 지키며 협동심을 기른다.

☑ **활동수준**

    ⊗ 만 7세(1수준)

☑ **준비물**

    ⊗ 교사: 학생명단(모둠편성명단), 사진기

    ⊗ 학생: 체육복, 운동화

🖋️ 활동 및 지도 방법

☑️ **도입활동**

- ❯❯ 정글짐 사이를 신속하게 지나는 방법에 대해 이야기한다.
- ❯❯ 교사는 탐험 방법에 대해 설명한다.
- ❯❯ 소집단으로 나누어 토의할 수 있게 한다.

☑️ **전개활동**

- ❯❯ 정글짐에서 한 명의 술래가 다른 사람을 잡으러 쫓아 다닌다. 술래는 상하좌우로 이동할 수 있으나 사선방향으로는 이동할 수 없으며 다른 사람은 할 수 있다.
- ❯❯ 술래에게 잡힌 사람이나 땅에 닿은 사람이 술래가 되며 20초가 지난 후에 다른 사람을 쫓아갈 수 있다.

☑️ **정리활동**

- ❯❯ 옷의 먼지를 털고 손을 씻는다.
- ❯❯ 탐험한 것에 대해 이야기한다.
- ❯❯ 뒷정리를 한다.

🖋️ 유의사항

- ❯❯ 경쟁이 지나쳐 추락사고가 일어나지 않도록 주의한다.
- ❯❯ 안전한 놀이기구 방법을 알려준다.

🖋️ 참고사항

- ❯❯ 돌아가면서 술래를 해본다.
- ❯❯ 다른 여러 가지 규칙들을 만들어 볼 수 있다.

마법의 성

☑ **활동목표**

>> 사고력 또는 탐구력을 기를 수 있다.

>> 문제해결력을 기른다.

☑ **활동수준**

>> 만 7세(2수준)

☑ **준비물**

>> 교사: 게임교구[놀이판(50*50), 숫자 주사위 1개, 게임 말 4개(각 다른 색)]

>> 학생: 필기도구, 동화카드(5*5) 여러 장 – 학생들이 동화제목을 선택하게 한다.

✎ **활동 및 지도 방법**

☑ **도입활동**

>> 게임말 한 개씩 나누어 가진다. 동화카드를 엎어서 쌓아둔다.

>> 여러 경로를 거쳐 성에 도착하는 방식으로 그린 게임판을 준비한다.

>> 아동들이 선택한 동화에 나오는 이야기를 중심으로 질문을 만드는 연습을 한다.

　　예 백설 공주에 나오는 난쟁이는 모두 몇 명?

☑ **전개활동**

　　⊙ 출발하기: 주사위를 던져 가장 높은 수가 나온 사람이 먼저 한다.
　　　성을 향해 출발: 게임자가 주사위를 던져 나온 수만큼 자신의 장기를
　　　움직여 어떤 방향으로든 갈 수 있으나 한 방향으로만 가야한다.
　　⊙ 용이라고 쓰여진 네 개의 원 중 하나에 가서 멈추면 동화 제목 카드를
　　　한 장 가져오고 옆에 있는 상대방 또는 다른 친구의 질문에 답한다.
　　⊙ 만약 질문에 답하지 못하면 한 번 쉰다.

☑ **정리활동**

　　⊙ 성 꼭대기의 왕관에 먼저 도착하는 사람이 이긴다.
　　⊙ 게임한 후 뒷정리를 깨끗이한다.

✎ **유의사항**

　　⊙ 아동들이 게임을 쉽게 이해하도록 설명해 주어야 한다.
　　⊙ 각 팀별로 평가한다.

✎ **참고사항**

　　⊙ 동화 말고 다른 주제를 이용할 수 있다.
　　⊙ 아이들이 원하는 게임 규칙을 추가할 수 있다.

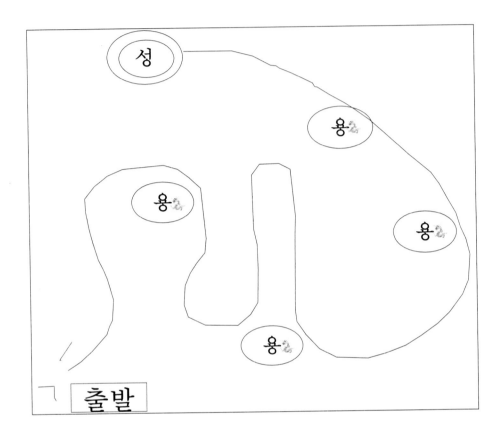

02 과자 따먹기, 발대 불기

과자 따먹기

게임

☑ **활동목표**

⊚ 성취감과 협동심을 기른다.

⊚ 과자의 다양성을 안다.

☑ **활동수준**

⊚ 만 3세(1수준)

☑ **준비물**

⊚ 교사: 실, 긴 봉 또는 리본테이프, 출발선 표시, 바톤, 약과, 유과

⊚ 학생: 자기가 좋아하는 과자 1봉씩

 활동 및 지도 방법

☑ **도입활동**

⊚ 아이들이 가져온 과자와 교사가 가져온 과자를 비교해보고, 약과와 유과도 과자인 것을 설명하고 맛을 보고 자기가 가져온 과자와의 차이점을 알아본다.

⊚ 아이들을 주의집중시킨다.

⊚ 팀을 나눈 뒤, 게임방법을 설명하고 교사가 시범을 보인다.

☑ **전개활동**

» 규칙을 정한다.
  - 출발신호 전에는 출발하지 않는다.
  - 과자를 따먹을 때 손은 열중쉬어를 한다(실을 손으로 잡지 않는다).
  - 바톤을 넘겨받기 전에 출발선을 넘어 가지 않는다.

» 게임을 시작한다.

☑ **정리활동**

» 이긴 팀에게 축하와 박수를 해준다.

» 진 팀에게도 격려를 해준다.

» 자신이 먹은 과자의 맛과 느낌을 이야기한다.

유의사항

» 손을 이용하지 않기 때문에 스스로 하기 힘든 아동들에게는 교사가 충분히 도와주도록 하되 선생님과 친구들이 약속한 규칙은 어기지 않도록 유도한다.

» 아이들의 발달 수준을 고려하여 실의 길이를 다르게 하여, 아이들의 키에 맞도록 만들어준다.

참고사항

» 눈을 가리고 선생님이 넣어주는 과자의 이름을 맞추어보는 방법도 있다.

» 실의 길이를 더 짧게 하여 아이들이 점프하여 먹을 수 있게 할 수도 있다.

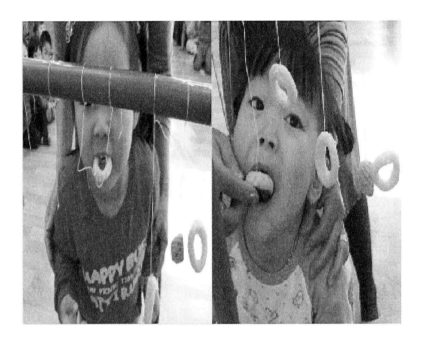

빨대 불기

✔ 활동목표

- ❯❯ 물체의 움직임에 대해 탐색하는 태도를 기른다.
- ❯❯ 공의 각도와 공의 종류에 따라 공이 내려가는 속도 및 움직임에 차이가 있음을 안다.

✔ 활동수준

- ❯❯ 만 5세(2수준)

✔ 준비물

- ❯❯ 교사: 게임판(큰 동그라미1, 중간 동그라미2, 작은 동그라미3), 탁구공, 바구니
- ❯❯ 학생: 빨대

✎ 활동 및 지도 방법

✔ 도입활동

- ❯❯ 유아들에게 빨대를 불어보게 하고, 교사가 빨대 끝에 손가락을 떼었다 붙였다 하면서 바람 소리를 탐색하게 한다.
- ❯❯ 빨대를 불어 탁구공이 움직이는 실험을 한다. 이때, 바람이 닿는 각도에 따라 탁구공이 다른 방향으로 움직이는 것을 관찰한다.
- ❯❯ 친구와 함께 탁구공을 움직여본다.

✓ 전개활동

» 규칙을 정한다.

- 손으로 공을 잡지 않는다.
- 빨대로 공을 밀지 않는다.

» 게임을 한다.

✓ 정리활동

» 유아가 게임에 익숙해지면 점수판을 만들어 놀이를 해본다.

» 동그라미의 점수를 적고 합한다.

» 이긴 팀에게 축하와 박수를 보낸다.

» 진 팀에게도 격려를 해준다.

유의사항

» 공은 굴러가는 물체이므로, 방향을 잃었을 때 교사가 아이의 몸을 틀어 게임판에 접근할 수 있도록 올바른 자세로 이끌어준다.

» 탁구공은 딱딱해 다칠 우려가 있으므로 게임을 하는 아이가 가진 것 외에는 바구니 안에 보관한다.

참고사항

» 빨대 이외에 부채나 선풍기를 이용하여 바람의 힘을 느껴볼 수도 있다.

» 탁구공 이외에 다양한 재질(풍선, 종이)의 물체를 이용하여 움직임을 알아볼 수도 있다.

03 집에는 가족들이 살아요, 도토리 옮기기

집에는 가족들이 살아요

게임

☑ **활동목표**

- 장애물을 건너 집에 가족 구성원을 붙일 수 있다.

☑ **활동수준**

- 만 4세

☑ **준비물**

- 집 모양판, 다양한 가족모습(코팅자료), 징검다리, 유닛, 동굴(훌라후프 두 개 사이에 천이나 비닐을 연결하여 제작한다)

활동 및 지도 방법

☑ **도입활동**

- 오늘 할 활동에 대해 간단히 이야기한다.
- 사랑하는 가족구성원에 대하여 묻고 대답한다.
- 유아들이 나누어 앉아서 팀을 정하고, 양 팀의 유아 수를 세어본다.
- 각팀의 이름과 응원을 정해본다.

☑ **전개활동**

❮❮ 유아들에게 게임도구를 보면 게임방법에 대해 이야기 나눈다.

❮❮ 교사와 유아가 함께 시범을 보여주고, 지켜야할 약속을 말해준다.

❮❮ 게임방법을 설명해주고, 잘 할 수 있는지 되물어 보며 게임을 시작한다.

☑ **정리활동**

❮❮ 양팀 점수를 확인하고, 각팀의 점수를 물어보기도 한다.

❮❮ 장애물을 건너 집에 가족들을 붙여주는 게임에 대해서 평가한다.

✎ **유의사항**

❮❮ 양팀으로 나누어 앉는 방법이 잘 안 이루어지거나 시간이 없을 경우 교사가 팀을 정해 나누되 연령별, 몸집 등을 고려하여 팀을 나눈다.

❮❮ 가족들의 그림을 보여주며 이야기하고, 유아들이 말한 방법을 모두 들은 후 다수결로 정한다.

❮❮ 유아들에게 나오지 않은 약속에 대해서는 교사가 이야기해주고, 어려워 하는 유아들은 교사가 도와준다.

✎ **참고사항**

❮❮ 수를 셀 때는 유아들과 함께 세어보고, 응원멘트를 정할 때는 '이겨라' 보다 '잘해라'를 사용하도록 지도한다.

❮❮ 처음 게임을 하여 이긴 유아한테 점수판에 점수를 붙이도록 하고, 유아의 의견에 따라 방법이 달라질 수 있다.

게임

☑ 활동목표

- ◈ 집단 활동에 적극적으로 참여한다.
- ◈ 규칙과 질서를 지켜 게임한다.

☑ 활동수준

- ◈ 만 4세

☑ 준비물

- ◈ 도토리, 국자 2개, 점수판(색종이로 접은 도토리)

활동 및 지도 방법

☑ 도입활동

- ◈ 유아들에게 동요를 불러주고 다 같이 불러보도록 한다.
- ◈ 도토리를 보여주며 호기심과 흥미를 불러 일으킨다.
- ◈ 도토리를 가지고 할 수 있는 게임에 필요한 준비물을 보여준다.

☑ 전개활동

- ◈ 선생님이 게임방법을 설명해준다.
- ◈ 유아들이 팀을 나눠 앉아 각팀의 유아들이 한명씩 출발점 국자에 도토리를 담아서 출발신호음에 따라 국자에 든 도토리를 떨어지지 않도록 하여 도착지까지 달린다.
- ◈ 어느 편에 도토리가 많은지 세어본 후 이긴 팀이 만세를 부른다.

☑ 정리활동

◈ 게임이 끝난 후 선생님은 아이들과 게임하면서, 재미있었던 것, 힘들었던 것, 아쉬웠던 것들에 대해 이야기하고 마무리한다.

 유의사항

◈ 유아들이 질서를 지킬 수 있도록 교사가 지도한다.
◈ 팀원이 모두 협동하여 하나가 되었을 때 이길 수 있었으므로 협동심을 적극적으로 격려해주며 인정해준다.
◈ 협동을 잘한 팀에게 소정의 상품이나 격려를 주는 것도 좋다.

참고사항

◈ 공간이 좁거나 아이들이 아쉬워하면 한번 더 게임을 하도록 한다.
◈ 인원이 부족한 경우 멋진 친구를 뽑아 한번 더 하도록 한다.

활동 장면 및 결과물

04 둘이 함께하는 배드민턴, 가베야! 안녕~

 둘이 함께하는 배드민턴

게임

✓ 활동목표

- ◉ 신체발달을 돕는다.
- ◉ 공간지각능력과 관찰력을 기를 수 있고, 친구와 함께하는 기쁨을 누릴 수 있다.

✓ 활동수준

- ◉ 만 6세(1수준)

✓ 준비물

- ◉ 교사: 학생명단(모둠편성명단), 현장체험활동 보고서, 사진기(모둠별)
- ◉ 학생: 배드민턴 만드는 재료(철사옷걸이, 스타킹), 풍선, 필기도구, 스케치북

활동 및 지도 방법

✓ 도입활동

- ◉ 배드민턴 경기에 대해 이야기를 나눈다.
- ◉ 배드민턴의 유래에 대해서 설명한다.
- ◉ 배드민턴 만드는 방법을 설명한다.

☑ **전개활동**

▷ 배드민턴 게임을 하기 위해 배드민턴 라켓을 만든다.

▷ 경기방법을 설명하고 두명씩 한조가 되어서 풍선을 서로 주고 받는 게임을 한다.

☑ **정리활동**

▷ 경기에서 이긴 친구에게는 박수를 쳐주고 게임에 이기지 못한 친구에게도 격려를 해준다.

▷ 게임을 하고 난 후 느낀점을 발표해본다.

▷ 게임을 하고 난 후 활동을 그림으로 표현해본다.

유의사항

▷ 유아들이 다치지 않게 바닥에 매트를 깔아준다.

▷ 게임 규칙을 쉽게 설명하고, 정확히 지킬 수 있도록 지도한다.

▷ 친구들과 협동심을 기르고 즐거운 게임이 되도록 지도한다.

참고사항

▷ 배드민턴 경기에 익숙해지면 여러 명이 한 풍선으로 게임해본다.

▷ 배드민턴과 비슷한 경기에 대해서 알아본다.

가베야! 안녕~

게임

☑ **활동목표**

　　◎ 가베의 종류를 소개하고 여러 가지 놀이를 통해 가베의 특징을 알아
　　　본다.

　　◎ 활동놀이를 통해서 신체 발달 및 기억력 향상을 돕는다.

　　◎ 모방놀이를 통해서 사물 인지 능력 및 표현력, 미적 감각을 향상시킨다.

☑ **활동수준**

　　◎ 만 6세(1수준＋2수준)

☑ **준비물**

　　◎ 교사: 가베(1가베−끈 있는 공 6개, 끈 없는 공 6개), 셀로판 돋보기,
　　　종이컵 사진기 등

　　◎ 학생: 필기도구, 스케치북 또는 크로키북, 4B연필

✎ **활동 및 지도 방법**

☑ **도입활동**

　　◎ 유아들에게 먼저 흥미를 갖게 한다.

　　◎ 가베의 유래에 대해 설명한다.

　　◎ 1가베는 어떤 친구인지 보고, 듣고, 소리, 촉감, 색에 대해 이야기한다.

☑ **전개활동**

　　◎ 1가베 색깔을 관찰하고 삼원색과 삼보색의 의미를 알아본다.

　　◎ 셀로판 돋보기를 통해 관찰하고 색의 변화에 대해 알아본다.

⊗ 1가베 기억력 게임을 한다.
  • 1가베를 한줄기차를 해서 정열해놓고 종이컵으로 한 색을 덮고 어떤색이 없어진건지 이야기하는 게임을 해본다. 종이컵을 하나씩 덮다가 두 개씩, 세 개씩 덮어보고 없는 색깔을 말해본다.

☑ 정리활동
  ⊗ 친구들과 삼원색과 삼보색을 그려보고 색의 변화에 대해 알아본다.
  ⊗ 많이 맞춘 친구에게 박수를 쳐준다.
  ⊗ 재미있었던 내용을 그림으로 표현해본다.

✎ 유의사항

  ⊗ 유아들이 골고루 발표해보고 게임에 참여할 수 있도록 지도한다.
  ⊗ 가베를 가지고 함부로 던지거나 장난치지 않도록 설명한다.
  ⊗ 유아들이 가베에 흥미가 있도록 진행한다.

✎ 참고사항

  ⊗ 1가베 기억력 게임이 끝나면 신체활동 게임으로 꼬리잡기 게임도 해본다.
  ⊗ 다른 가베에는 어떤 것들이 있는지 알아본다.

05 카프라, 밀가루 반죽

카프라

게임

✓ 활동목표

- ▶ 카프라를 사용하여 특이한 형태나 재미있는 모양을 만들 수 있다.
- ▶ 카프라놀이를 통해 해결력과 창의력 및 집중력을 기른다.
- ▶ 정역학, 무게중심, 힘의 분산, 중력의 원리를 이해하게 된다.

✓ 활동수준

- ▶ 만 4세

✓ 준비물

- ▶ 교사: 학생명단(모둠편성명단), 현장체험활동 보고서, 사진기(모둠별), 한 학급이 사용할 만큼의 카프라 준비

✎ 활동 및 지도 방법

✓ 도입활동

- ▶ 이 수업의 의의와 목표 및 수업방법을 설명한다.
- ▶ 참고작품(사진 또는 동영상)을 감상한다.
- ▶ 3~4명씩 조를 지어 무엇을 어떻게 만들까 의논한다.

☑ 전개활동

　　◈ 10분 동안 맨 아래쪽에 카프라 2개만 놓은 상태에서 가장 높게 쌓는다.

　　◈ 10분 동안 맨 아래쪽에 카프라 2개만 놓은 상태에서 가장 넓게 쌓는다.

　　◈ 특이한 형태로 쌓아본다.

　　◈ 도미노를 가장 길게 성공시켜본다.

☑ 정리활동

　　◈ 완성되면 감상한다.

　　◈ 카프라를 통에 담고 주변을 정리하도록 지도한다.

유의사항

　　◈ 카프라를 던지며 장난치는 일이 없도록 지도한다.

　　◈ 기초를 튼튼하게 하는 게 중요하다.

　　◈ 카프라 활동 시 주위에 위험한 요소들은 치운 후 활동한다.

참고사항

　　◈ 유아가 놀이에 익숙해지면 쌓는 방법을 터득하여 안전하게 쌓게 된다.

　　◈ 다른 모양의 형태도 카프라를 통해 만들 수 있다.

　　◈ 유아들이 놀면서 할 수 있는 놀이라 활용에 좋다.

밀가루 반죽

☑ 활동목표

- ◎ 소근육 발달에 도움을 준다.
- ◎ 창의력 및 집중력을 길러준다.

☑ 활동수준

- ◎ 만 4세

☑ 준비물

- ◎ 교사: 학생명단(모둠편성명단), 현장체험활동 보고서, 사진기(모둠별), 밀가루, 물, 물감, 신문지, 틀, 그릇통

✎ 활동 및 지도 방법

☑ 도입활동

- ◎ 유아들에게 먼저 사진이나 동영상을 보여준다.
- ◎ 반죽으로 무엇을 만들고 싶은지 친구들과 이야기해본다.

☑ 전개활동

- ◎ 그릇통에 밀가루를 넣고 물은 조금씩 붓는다.
- ◎ 물은 조금 부은 후 유아들이 원하는 물감을 넣어준다.
- ◎ 손으로 밀가루를 반죽하고 난 뒤, 유아가 원하는 모양을 만들도록 지도한다.
- ◎ 떡 만들기도 하고, 콕콕 찌르기 놀이도 하고, 수제비 만들기도 하고, 꽈배기 만들기, 쭉쭉 늘이기, 당겨보기 등을 해본다.

⊗ 과자집을 만들어본다.

☑ 정리활동

　⊗ 감상한다.

　⊗ 뒷정리를 한다.

　⊗ 유아들이 무엇을 만들었고, 표현하였는지 이야기해본다.

 유의사항

⊗ 유아들이 밀가루로 장난치지 않도록 한다.

⊗ 유아들은 무엇이든 입에 가져가는 습성이 있어 밀가루 등을 입에 넣지 않도록 주의를 준다.

 참고사항

⊗ 아이들 소근육 발달과 손에 힘을 길러주는 데 밀가루 반죽 놀이가 좋은 것 같다.

⊗ 밀가루 반죽을 늘려보고, 당겨보고, 여러 가지 활동을 할 수 있다.

 활동 장면 및 결과물

CHAPTER

10 기타

01 물방울놀이, 얼음놀이

물방울놀이

자연과학놀이

☑ **활동목표**
> ◎ 물방울의 특성을 알 수 있다.

☑ **활동수준**
> ◎ 만 7세(1수준)

☑ **준비물**
> ◎ 교사: 학생명단(모둠편성명단), 현장체험활동 보고서, 사진기(모둠별),
> 물, 스포이드, 1회용 주사기, 분무기, 유리 또는 거울, 종이
> ◎ 학생: 조사자료 기록지(보고서), 필기도구, 빨대, 나무조각, 헝겊조각

☑ **도입활동**

　» 물방울을 만들 수 있는 여러 가지 방법에 관해 이야기한다.
　　• 손가락으로 물을 찍어 물방울을 떨어뜨린다. 빨대에 물을 찍어 떨
　　　어뜨린다 등

☑ **전개활동**

　» 스포이드 또는 빨대 등 여러 가지를 이용하여 각자 물방울을 만들어
　　본다.
　　• 스포이드로 물을 빨아들인다.
　　• 스포이드 꼭지를 눌러 물방울을 만든다.
　　• 아주 큰 물방울과 아주 작은 물방울을 만들어본다.
　　• 스포이드 외 다른 방법으로 물방울을 만들어 볼 수 있을지 생각해
　　　본다.
　　　－하나는 빨대나 분무기, 1회용 주사기 등을 사용하여 만들어보는
　　　　것이다.
　　• 스포이드, 분무기, 주사기 등으로 만든 물방울이 어떻게 다른지 비
　　　교해 본다.
　　• 가장 큰 물방울이 만들어지는 것과 가장 쉽게 만들어지는 것 등에
　　　관해 알아본다.
　» 이번에는 유리, 나무조각, 헝겊, 종이 등 각각 다른 종류의 물체표면
　　을 한쪽으로 기울인 다음 물방울을 떨어뜨려 보아 물방울의 흐름을
　　탐색해본다.

☑ **정리활동**

　» 떨어진 물방울이 가장 빨리 움직이는 것은 무엇인지 생각한다.
　» 가장 늦게 움직이는 것과 잘 움직이지 않는 것은 무엇인지 생각한다.
　» 또 다른 방법을 생각해 보게 하는 질문
　　• 물방울이 보다 빨리 바닥에 도착하게 하려면 어떻게 하는 것이 좋

을까?

>> 각 물체의 기울기를 여러 가지로 해놓고 물방울을 떨어뜨려 보자. 서
로 어떻게 다를지 미리 생각해보고 직접 해보자.

유의사항

>> 가능한 여러 가지 방법을 생각해내도록 유도한다.

>> 관찰 내용을 정리하도록 한다.

>> 물방울을 이용하여 할 수 있는 또 다른 탐색 방법도 생각해보게 한다.

얼음놀이

☑ **활동목표**

» 얼음을 녹이는 여러 가지 방법을 안다.

☑ **활동수준**

» 만 9세(2수준)

☑ **준비물**

» 교사: 학생명단(모둠편성명단), 현장체험활동 보고서, 사진기(모둠별),
얼음조각, 얼음조각을 담을 통, 온도계

» 학생: 조사자료 기록지(보고서), 필기도구

✎ 활동 및 지도 방법

☑ **도입활동**

» 어떻게 하면 얼음을 빨리 녹일 수 있을지 여러 방법을 이야기해보게
한다.

• 불에 녹인다. 햇빛을 쬔다. 손이나 입속에 놓는다. 뜨거운 물속에
넣는다. 잘게 부순다.

☑ **전개활동**

» 여러 상황에서 얼음 녹이기

• 실온상태에서 공기와 물 중 얼음은 어느 곳에서 빨리 녹을까 알아
본다.

: 같은 크기의 얼음조각이 두 상태에서 녹는 현상을 예측한 후 비

교, 관찰한다.

- 얼음이 들어있는 물을 저을 경우 더 빨리 녹을지 알아본다.
  : 얼음조각을 물이 든 두 개의 컵에 넣은 다음 저어줄 때와 그렇지 않을 때의 녹는 차이를 예측한 후 비교, 관찰한다.
- 물의 양에 따라 녹는 시간이 달라지는지 알아본다.
  : 같은 크기의 얼음조각을 물의 양을 달리한 컵 두 개에 넣은 다음 각각 녹는 시간을 예측한 후 비교, 조사한다.
- 물의 온도에 따라 녹는 시간이 달라질지 알아본다.
  : 같은 크기의 얼음조각을 온도가 다른 두 개의 물컵에 넣고 결과를 예측한 후 비교, 조사한다.
- 잘게 부순 얼음이 더 빨리 녹을지 알아본다.
  : 같은 크기의 얼음조각 두 개 중 하나는 그대로, 하나는 잘게 부순 후 실온 상태, 물 등에 두었을 때의 결과를 예상한 후 비교, 조사한다.
- 얼음이 녹지 않거나 천천히 녹게 하는 방법을 알아본다.
  : 얼음이 녹지 않거나 천천히 녹는 여러 가지 상황에 관해 토의한 후 얼음이 녹지 않게 하는 방법을 찾아본다.

☑ 정리활동

◎ 얼음과자 만들기

- 여러 가지 재료를 이용하여 얼음과자를 만들어 보자. 재료를 담는 용기의 모양에 따라 얼음과자의 모양이 달라지므로 가능한 한 여러 가지 모양과 크기의 용기를 이용하여 만들어보자.
- 여기에 우유나 사이다, 냉수 등 각기 다른 재료를 이용하여 얼렸을 때 어느 것이 가장 빨리 그리고 또 단단하게 어는지 비교해볼 수도 있다.
- 얼음과자를 얼릴 때 그 속에 작은 과자 조각이나 다른 재료들을 넣어 색다른 얼음과자를 만들어보거나 작은 위생저를 꽂아 손잡이가 있는 얼음과자를 만들 수도 있다.

02 전통놀이, 전통놀이를 알아요

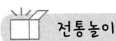 **전통놀이**

이야기 나누기

☑ **활동목표**

   ◈ 우리나라만의 전통놀이가 있음을 안다.

   ◈ 우리나라 전통놀이의 가치를 이해한다.

☑ **활동수준**

   ◈ 만 4세

☑ **준비물**

   ◈ 교사: 슬라이드(전통놀이)/단어카드 놀이

✎ **활동 및 지도 방법**

☑ **도입활동**

   ◈ 단어카드놀이를 붙여놓고 놀이하면 생각나는 것들에 대해 자유롭게
      이야기 나눈다.

      "무슨 글자가 쓰여져 있니?"

      "놀이하면 무엇이 생각이 나니?"

      생각나는 놀이에 대해서 이야기 나눠본다.

☑ **전개활동**

>> 유아들이 집에서 또는 어린이집에서 하는 놀이들에 대해 알아본다.
"너희들은 집에서나 어린이집에서 어떤 놀이를 하니?"
>> 슬라이드를 보면서 우리나라 전통놀이에 대해 알아본다.
"놀이하는 것을 본 적이 있니? 해본 적이 있니?"
"전통놀이란 무엇일까? 또 어떤 놀이들이 있을까?

☑ **정리활동**

>> 전통놀이의 종류에 대해 더 알아보고 놀이방법을 알아보는 방법에 대
해 이야기나눈다.
"우리가 알고 있는 전통놀이 외에 또 어떤 놀이들이 있을까?
"전통놀이와 놀이방법을 어떻게 알 수 있을까? 어떤 방법으로 찾을
수 있을까?"

✎ 활동 장면 및 결과물

전통놀이를 알아요

이야기 나누기

☑ **활동목표**

   » 전통놀이의 종류와 방법에 대해 알아본다.

☑ **활동수준**

   » 만 3세

☑ **준비물**

   » 교사: 그림 자료(투호, 윷놀이, 제기차기, 널뛰기, 비석 치기)

✎ **활동 및 지도 방법**

☑ **도입활동**

   » 전통놀이에 대한 그림자료를 보면서 이야기를 나눈다.
      "여기 친구들이 무엇을 하는 그림인가요?"
      "여기 그림 속에 있는 놀이를 무엇이라고 부를까요?"

☑ **전개활동**

   » 유아들이 알고 있는 전통놀이가 있는지 물어본다.
      • 투호놀이
      • 윷놀이
      • 강강술래
   » 추석에 할 수 있는 전통놀이에 대해 이야기를 나눈다.
      • 가마놀이
      • 소싸움

- 씨름

◎ 전통놀이 중에 하나를 선택해서 유아들과 함께 해 보는 시간을 가진다. "추석에 하는 전통놀이 중에서 사람들이 동그랗게 손을 잡고 서서 빙글빙글 돌면서 하는 놀이가 무엇인지 아나요?

☑ 정리활동

◎ 유아들과 함께 강강술래를 손잡고 해본다.

✎ 활동 장면 및 결과물

03   비누거품 그림, 스펀지 물 벽화

비누거품 그림

창의적 표현

☑ **활동목표**

❯❯ 비누거품을 만들어 도화지에 거품그림을 꾸며본다.

☑ **활동수준**

❯❯ 만 4세(1수준)

☑ **준비물**

❯❯ 비누거품, 물감, 빨대, 도화지

✎ **활동 및 지도 방법**

☑ **도입활동**

❯❯ 신나는 음악과 함께 비눗방울을 만들어 불어준다.
  • 동동동~ 비눗방울이 하늘 위를 날아 다니네~

☑ **전개활동**

❯❯ 투명한 컵에 비눗방울을 만들고 빨대를 넣고 후~ 불어본다.
  • 비눗방울 안에 빨대를 넣고 후~ 어? 비눗방울이 점점 커지네.
❯❯ 뽀글뽀글 거품을 만들며 커지는 비눗방울을 탐색한다.

- 점점 거품이 커지며 만들어 진 비누거품이 어떤 모양을 하고 있니?
- 와~ 시원한 아이스크림을 닮았네.

◎ 비누거품 용액에 물감을 넣어 색깔을 다양하게 만든다.
- 비누거품 속에 노란색 물감을 넣으면 어떻게 될까?
- 파란 거품을 만들려면 어떻게 하면 될까?

◎ 비누거품을 빨대로 불어 넘어 오는 거품을 도화지에 대고 떨어트린다.
- 뽀글뽀글 비누거품이 넘어와 도화지 위에 올라갔네~
- 비누거품이 도화지에 떨어져 예쁜 줄무늬를 만들었네.

◎ 여러 가지 색깔의 비누거품을 떨어트려 꾸며본다.
- 노란색, 빨간색이 만나 예쁜 주황색 무늬를 만들었구나.

☑ 정리활동

◎ 영아들의 작품을 작품걸이에 걸어 전시해준다.

✎ 유의사항

◎ 빨대로 비누거품을 불 때 입으로 들이마셔 삼키지 않도록 주의한다.
◎ 유아용 물비누를 사용하여 피부를 보호한다.
◎ 옷에 묻지 않도록 옷을 잘 걷고 활동한다.

✎ 참고사항

◎ 글리세린을 함께 넣으면 비눗방울을 만들 때 잘 터지지 않는다.

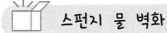

스펀지 물 벽화

창의적 표현

✓ 활동목표

- ◈ 스펀지에 물감을 묻혀 그림을 그려본다.
- ◈ 스펀지 그림을 그리며 성취감과 즐거움을 느낀다.

✓ 활동수준

- ◈ 만 5세(2수준)

✓ 준비물

- ◈ 물감, 흰 종이, 부직포 팔레트, 스펀지, 앞치마
- ◈ 부직포 팔레트 만드는 방법
  - ① 큰 쟁반에 부직포를 붙인다.
  - ② 물을 조금 넣고, 물감과 잘 섞이도록 붓으로 저어준다.

활동 및 지도 방법

✓ 도입활동

- ◈ 재료를 탐색하며 활동에 대한 간단한 이야기를 나눈다.
  - 스펀지를 만져볼까? 스펀지가 폭신폭신하네.
  - 쟁반 위에 물감을 스펀지에 묻혀보자.
  - 물감이 묻은 스펀지로 하얀 종이 위에 그림을 그려보자.

✓ 전개활동

- ◈ 스펀지에 원하는 색의 물감을 묻혀서 종이 위에 찍어본다.
  - 먼저 스펀지에 물감을 묻히고, 하얀 종이 위에 콕 찍어보자.

- ○○는 초록색 물감을 묻혔구나.

☑ 정리활동

◎ 다양한 색으로 찍어 보고 완성된 스펀지 그림에 대해 이야기를 나눈다.
- ○○가 그린 것은 여기 있네.
- 알록달록 멋진 그림이 완성되었네.

✎ 유의사항

◎ 여벌옷을 입고 활동을 편하게 하도록 한다.

✎ 참고사항

◎ 스펀지 그림이 마르면 크레파스를 이용하여 그림을 그려본다.
◎ 새로운 재료를 탐색하고 표현해 보도록 환경을 마련해준다.
◎ 영아의 자유로운 표현을 격려하고 흥미를 공감해본다.

✎ 활동 장면 및 결과물

──── 공저자 약력

신재한
경북대학교 교육학박사
한국청소년상담학회 융합상담분과 Supervisor
국제뇌교육종합대학원대학교 뇌교육학과 교수
교육부 연구사
한국교육개발원 연구위원
한국교육과정평가원 교수학습센터 운영위원

김영희
영남외국어대학교 보육복지상담학과 교수

영유아 놀이지도의 이론과 실제

초판발행	2020년 8월 22일
지은이	신재한 · 김영희
펴낸이	노 현
편 집	조보나
기획/마케팅	오치웅
표지디자인	박현정
제 작	우인도 · 고철민
펴낸곳	㈜ 피와이메이트
	서울특별시 금천구 가산디지털2로 53 한라시그마밸리 210호(가산동)
	등록 2014. 2. 12. 제2018-000080호
전 화	02)733-6771
f a x	02)736-4818
e-mail	pys@pybook.co.kr
homepage	www.pybook.co.kr
ISBN	979-11-6519-082-8 93370

정 가   22,000원

박영스토리는 박영사와 함께하는 브랜드입니다.